東京書籍ユーザーのための

ワーク&テスト

ニューホライズン 3年

東京書籍

特色

● 本書は，東京書籍の教科書「NEW HORIZON 3年」に完全準拠したワークブックです。

● 教科書の Unit ごとに，Key Sentence や New Words の確認から練習へと，ステップを踏んで学習できるようにくふうしました。

● 巻末の「定期テスト予想問題」には，定期テストに備えて筆記・リスニングの両面で実践的なトレーニングができるように，配点付き問題を掲載しました。

構成と使い方

解答が赤文字で示された問題では，暗記用フィルターが使えます。

基本ワーク
教科書の内容をチェック！

● Key Sentence，New Words … 左ページ

教科書の Key Sentence について，わかりやすく図解をまじえて解説しています。New Words については語句のつづりや意味を確かめる問題を設けています。

● 基本問題 … 右ページ

Key Sentence の解説で理解したことを定着・発展させる基本問題を設けています。また，パートによっては「教科書内容の確認」を設け，教科書本文の理解を確認できるようにしています。

総合問題
実践的な問題でトレーニング！

Unit ごとにまとめた，実践的な問題です。文法や語句・表現のまとめや，長文読解など，定期テストにも出題される問題で構成しています。

定期テスト予想問題
テスト問題で最後の仕上げ！

教科書の Unit ごとにまとめた定期テストの予想問題です。リスニング問題も入っていますので，音声を再生して，実際のテストと同じように時間を計って採点しましょう。定期テストの直前に学習すると効果的です。

解答と解説

本編の問題ごとにわかりやすい解説を示しています。別冊なので取り外して，問題のページと照らし合わせて使うことができます。間違えた問題は解説をもとにもう一度挑戦してみましょう。

別冊ハンドブック
基本文・重要語句チェック

Unit ごとに基本文と重要語句を確認できる，別冊ハンドブックです。簡単に取り外せて持ち運びができるので，暗記用フィルターを使って，いつでもどこでも手軽にチェックできます。

QRコードで音声チェック！

● QRコードを読み取ると，各Unit の Key Sentence の音声を聞くことができます。リスニング問題の音声も入っています。

● 【使い方】

① スマートフォンやタブレットでQRコードを読み取りましょう。

② Unit を選択して Key Sentence の音声を再生しましょう。

QRコード

【動作環境】
インターネットに接続されていること。　※インターネット接続に伴う通信費は利用者のご負担となります。
Android 5.1以降 + Google Chrome ／ iOS9 以降 + Safari ／ iPadOS + Safari

ワーク&テスト NEW HORIZON 3

目次

教 … 教科書のページ　　この本のページ

Unit 0 Three Interesting Facts about Languages

Scene

Key Sentence 0　受け身

「…される」「…されている」という意味の文(復習)

About 7,000 languages **are spoken** in the world.
(世界ではおよそ7,000の言語が話されています。)

「…される[されている]」と言うときは，**be動詞＋過去分詞**で表す。

About 7,000 languages **are spoken** in the world.

Chinese **is used** as a first language.
(中国語が第一言語として使われています。)

English **is used** by the third greatest number.
(英語は３番めに多い人数によって使われています。)

※受け身の文でよく使われる語 — in(…で)，as(…として)，by(…によって)

助動詞を使う受け身の文は**助動詞＋be動詞＋過去分詞**で表す。

Beautiful beaches **can be seen** in Okinawa.
(美しい海辺が沖縄で見られます。)

Check!

いくつかの言語が私たちの国で話されています。
Some languages (are) (spoken) (in) our country.

New Words

① 事実，現実 (fact)　② …だと思う[信じる] (believe)
③ 頭脳 (brain)　④ 研究者 (researcher)
⑤ …を増やす[増大させる] (increase)
⑥ 幅の広い，(範囲などが)広い (wide)
⑦ speakの過去分詞 (spoken)　⑧ sayの過去分詞 (said)

1 日本語に合う英語になるように，＿＿＿に正しい語を入れなさい。

□(1) 世界ではおよそ7,000の言語が話されていると言われています。

＿＿＿ ＿＿＿ ＿＿＿ ＿＿＿ about 7,000 languages are spoken in the world.

□(2) 私たちはより幅の広いさまざまな仕事から選ぶことができます。

We can choose from ＿＿＿ wider ＿＿＿ ＿＿＿ jobs.

Point

(1) say（言う）の過去分詞はsaid。

(2)「さまざまな，いろいろな」→ a (…) variety of

2 英語の意味を日本語で書きなさい。

□(1) This dog is called Kotetsu.

この犬は（　　　　　　　　　　　　　　）。

□(2) Is this computer made in Japan?

このコンピュータは（　　　　　　　　　　　　　　）。

□(3) Our traditions should be preserved.

私たちの伝統は（　　　　　　　　　　　　　　）。

Point

(2) be made in …
→「…で作られる[…製の]」

(3) should be＋過去分詞
→「…されるべきだ」

3 日本語に合う英語になるように，語句を正しく並べかえなさい。

□(1) 彼は有名な作家として知られています。

as / is / a famous writer / known / he / .

＿＿＿＿＿＿＿＿＿＿＿＿＿＿＿＿＿＿＿＿＿＿＿＿

□(2) その祭りは来月開かれるでしょう。

be / the festival / next month / held / will / .

＿＿＿＿＿＿＿＿＿＿＿＿＿＿＿＿＿＿＿＿＿＿＿＿

Point

(1)「…として知られている」
→be known as …

(2)「…されるだろう」
→will be＋過去分詞

教科書内容の確認

次の英文が教科書4～5ページの本文の内容と合うものには○を，合わないものには×をつけなさい。

□(1) Chinese is used the most in the world.（　　）

□(2) Learning another language won't help us to get a better job.（　　）

解答 p.1

Unit 1 Sports for Everyone
Scene ①

Key Sentence 1　現在完了形(経験用法)

「(これまでに)…したことがある」という言い方

I **have seen** wheelchair tennis once.
(私は車いすテニスを一度見たことがあります。)

Josh **has seen** wheelchair tennis many times.
(ジョシュは車いすテニスを何度も見たことがあります。)

Asami **has never seen** wheelchair tennis.
(朝美《あさみ》は車いすテニスを一度も見たことがありません。)

「…したことがある」や「…したことがない」のように，これまでに経験があることやないことを言うときは，〈**have[has]＋過去分詞**〉の形を使う。

「昨年見た」　I (saw) wheelchair tennis last year.
　　　　　　　　　　　　　　　　　　　　昨年

「見たことがある」　I **have seen** wheelchair tennis once.
　　　　　　　　　have＋過去分詞　　　　　　　　一度

主語が三人称単数のときは　He **has seen** wheelchair tennis many times.
　　　　　　　　　has＋過去分詞　　　　　　　　　何度も

「一度も見たことがない」　He **has never seen** wheelchair tennis.
　　　　　　　　　have [has] never＋過去分詞

否定文のときには，have [has] のあとに **never** や **not** を入れる。

経験用法といっしょに使う語	
before	以前
once	一度
twice	2回

Check! 彼はその大きなイヌを何度も見たことがあります。
He (has) (seen) the big dog (many) (times).

New Words
① 当てはまる (apply)　② どこかに[へ，で] (somewhere)
③ 下に，下記に[の] (below)　④ 上に，上記に[の] (above)

1 絵を見て，「(これまでに)…したことがあります」という文を，下の語句を使って書きなさい。

例 I have used this computer once.

(1)

I / play / before

(2)

John / watch / twice

(3)

They / visit / three times

□(1) I ______ ______ the *shamisen* ______.

□(2) John ______ ______ a *kabuki* ______.

□(3) They ______ ______ Kyoto ______ ______.

Navi

それぞれ次の意味の文を作る

(1)私は以前に三味線《しゃみせん》をひいたことがあります。
(2)ジョンは歌舞伎《かぶき》を２回見たことがあります。
(3)彼らは京都を３回訪れたことがあります。

Point

回数を表す語句はふつう文末に置く

・「２回」→twice
・「…回」→数＋times (three times)

2 日本語に合う英語になるように，______に正しい語を入れなさい。

□(1) 私はケーキを何度も作ったことがあります。

I ______ ______ cake ______ ______.

□(2) 私たちは年配の女性を一度助けたことがあります。

We ______ ______ an elderly woman ______.

□(3) 彼は北海道を一度も訪れたことがありません。

He ______ ______ ______ Hokkaido.

Point

「今までに一度も…ない」
→have [has] ＋never＋過去分詞

3 日本語に合う英語になるように，語句を正しく並べかえなさい。

□(1) エリは以前にその祭りに参加したことがあります。

joined / Eri / before / has / the festival / .

______

□(2) 私は彼に一度も会ったことがありません。

never / I / him / seen / have / .

______

教科書内容の確認

次の英文が教科書９ページの本文の内容と合うものには○を，合わないものには×をつけなさい。

□(1) Josh knows that judo is one of Paralympic sports. (　　)

□(2) Josh is interested in more than five Paralympic sports. (　　)

解答 p.1

Unit 1 Sports for Everyone

Scene ②

Key Sentence 2　現在完了形の疑問文

「(これまでに)…したことがありますか」という言い方と答え方

Have you ever **seen** the Paralympic Games?
(あなたはこれまでにパラリンピックを見たことがありますか。)

— Yes, I **have.**
(はい，あります。)

— No, I **have not.** I **have** never **seen** them.
(いいえ，ありません。　私は一度も見たことがありません。)

「…したことがありますか」とこれまでに経験があるかをたずねるときは，
〈Have[Has]＋主語＋過去分詞〉の形を使う。

「見たことがある」　I have seen the Paralympic Games.
〈have [has]＋過去分詞〉

「見たことがあるか」　Have you ever seen the Paralympic Games?
Have [Has]は主語の前　今まで　過去分詞

疑問文では「今まで」という意味のeverをよく使うよ。

Has＋主語＋過去分詞...?の文にはhasを使って答えるよ。

Have you ...?に対しては，次のように have を使って答える。

「はい」　Yes, I have .　「いいえ」　No, I have not .
〈have not＝haven't〉

Check!
あなたたちはこれまでに富士山を見たことがありますか。
(　Have　) you ever (　seen　) Mt. Fuji?

New Words

① 今まで，かつて　(　ever　)
② beの過去分詞　(　been　)
③ 試合，競技　(　match　)
④ 運動選手，アスリート　(　athlete　)
⑤ インターネット　(　internet　)
⑥ have notの短縮形　(　haven't　)
⑦ I haveの短縮形　(　I've　)

1 絵を見て，「これまでに…したことがありますか」という文と，それに対する答えの文を作りなさい。

例 Have you ever listened to this song? —— Yes, I have.

(1)

you / use / yes

(2)

Emily / try / yes

(3)

they / have / no

□(1) ______ you ever ______ this computer?
—— Yes, I ______.

□(2) ______ Emily ever ______ *shodo*?
—— Yes, she ______.

□(3) ______ they ever ______ *takoyaki*?
—— No, they ______.

Navi
それぞれ次の意味の文を作る
(1)あなたはこれまでにこのコンピュータを使ったことがありますか。
—— はい，あります。
(2)エミリーはこれまでに書道を試したことがありますか。
—— はい，あります。
※主語が三人称単数のときはhasを使う。
(3)彼らはこれまでにたこ焼きを食べたことがありますか。
—— いいえ，ありません。

2 会話が成り立つように，______に正しい語を入れなさい。

□(1) A： I want to see a panda.
______ you ever ______ one?
B： No, I ______. I've never ______ one.

□(2) A： ______ you ever ______ ______ Okinawa?
B： Yes, we ______. The beach was beautiful.

Point
「…に行ったことがある」
→have［has］been to ...

3 日本語に合う英語になるように，語句を正しく並べかえなさい。

□(1) あなたはこれまでにその行事のことを聞いたことがありますか。
of / ever / you / the event / heard / have / ?

______

□(2) 彼はこれまでに日本語を学んだことがありますか。
Japanese / has / ever / he / learned / ?

______

Point
疑問文では，everは過去分詞の前に置く

教科書内容の確認

次の英文が教科書10ページの本文の内容と合うものには○を，合わないものには×をつけなさい。

□(1) Josh has been to lots of wheelchair tennis matches. (　　)

□(2) Asami didn't know about Josh's favorite wheelchair tennis player. (　　)

解答 p.1～2

Unit 1 Sports for Everyone

Read and Think ①

Key Sentence 3 make＋(代)名詞＋形容詞

「…(名詞)を～(形容詞)の状態にする」という言い方

Playing sports **makes** me happy.
(スポーツをすることは私を幸せにします。)

「…(名詞)を～(形容詞)の状態にする」と言うときは，**〈make＋(代)名詞＋形容詞〉**の形(SVOCの文)を使う。

「…を～にする」　Playing sports（主語） makes（動詞） me（目的語） happy（補語）.

makeには「…を作る」のほかに「…を～にする」という意味があるよ。

主語(S)と動詞(V)のあとに，目的語(O)と補語(C)がくる文(SVOCの文)でよく使われる動詞として，makeのほかに**call(…を～と呼ぶ[名づける])**や**keep(…を～の状態にしておく)**などがある。

「…を～と呼ぶ」　We call the girl Beth.
the girl＝Beth
(私たちはその女の子をベスと呼びます。)

「…を～の状態にしておく」　I keep the room clean.
the room＝clean
(私は部屋をきれいにしておきます。)

目的語(O)と補語(C)は，
O＝Cの関係であることに着目！

Check!
この歌は多くの人々を幸せにします。
This song (makes) many people (happy).

New Words

① …をびっくりさせる	(amaze)	② 驚くべき	(amazing)
③ 心地よくない	(uncomfortable)	④ 勝者，受賞者	(winner)
⑤ 肯定の，前向きな	(positive)	⑥ 有名な	(well-known)

❶ 絵を見て，「この…はサキを～にしました」という文を作りなさい

(1)

sad

(2)

happy

(3)

tired

□(1) This book ______ Saki ______.
□(2) This music ______ Saki ______.
□(3) This work ______ Saki ______.

Navi
それぞれ次の意味の文を作る

(1)この本はサキを悲しませました。
(2)この音楽はサキを幸せにしました。
(3)この仕事はサキを疲れさせました。
※過去の文であることに注意。

❷ 日本語に合う英語になるように，______に正しい語を入れなさい。

□(1) 彼はそのネコをモモと呼びます。
He ______ the cat Momo.
□(2) その手紙は彼女をわくわくさせるでしょう。
The letter will ______ her ______.
□(3) あなたの言葉は私たちを前向きにしておいてくれます。
Your words ______ us ______.

Point
・「…を～の状態にする」
→make＋(代)名詞＋形容詞
・「…を(いつも)～の状態にしておく」
→keep＋名詞＋形容詞

❸ 日本語に合う英語になるように，語句を正しく並べかえなさい。

□(1) その出来事で彼女は有名になりました。
famous / made / her / the event / .

____

□(2) あなたはなぜそんなに悲しいのですか。
made / sad / what / you / so / ?

____

Point
make＋(代)名詞＋形容詞の文の訳し方

「AはBを…にする」
→「Aのせい[おかげ]でBは…になる」

教 科書内容の確認

教科書12ページの本文の内容について，質問に英語で答えなさい。

□(1) How did Asami feel when she watched the videos of Mr. Kunieda's matches?
—— She ______ ______.
□(2) Why does Ms. Kamiji want to keep smiling when she plays?
—— Because it ______ her ______.

解答 p.2

Unit 1 Sports for Everyone
Read and Think ②

Key Sentence 4　S V O O (that節)

「(人)に(～ということ)を…する」という言い方

Athletes show us **that** anything is possible.
(アスリートたちはどんなことも可能だと私たちに示してくれます。)

主語(S)と動詞(V)のあとに，２つの目的語(O)がくる文は，「(人)に～を…する」という意味になり，ふつう，「～を」という意味の目的語には「もの」を表す語を使うが，**that節を使う**こともある。

「(人)に～を…する」　Athletes show us great performance.
（主語 / 動詞 / 目的語(人) / 目的語(もの)）
(アスリートは私たちにすばらしいプレーを見せてくれます。)

「(人)に～ということを…する」　Athletes show us that anything is possible .
（目的語(that節)）

接続詞のthatのあとは〈主語＋動詞〉の形だよ。

目的語にthat節がくるときによく使う動詞	
show	(人)に～を見せる[示す]
tell	(人)に～を話す[教える]
teach	(人)に～を教える

Check!
彼らは練習が重要だと私たちに示してくれます。
They (show) us (that) practice is important.

New Words

① 意見，考え (opinion)　② …を支援[応援]する (support)
③ (物事が)可能な (possible)　④ …を設立する (establish)
⑤ ふつうの (ordinary)　⑥ 使用[利用]者 (user)

1 絵を見て，「私たちに～ということを…します[しました]」という文を作りなさい。

例 The article tells us that we should eat vegetables.

(1)

show

(2)

tell

(3)

teach

□(1) This graph ______ us ______ America is the most popular country of all.

□(2) Mr. Sato often ______ us ______ we should go to bed early.

□(3) Eri ______ us ______ studying abroad was helpful for students.

Navi
それぞれ次の意味の文を作る

(1)このグラフは私たちにアメリカはすべての中で最も人気のある国であることを示しています。
(2)佐藤先生はよく私たちに早く寝るように言います。
(3)エリは私たちに留学は生徒たちにとって役に立つことを教えてくれました。

2 日本語に合う英語になるように，______に正しい語を入れなさい。

□(1) その地図は私たちに駅はこの近くだと示しています。

The map ______ us ______ the station is near here.

□(2) ジョンは私に自分の辞書を使うべきだと言いました。

John ______ me ______ I should use my dictionary.

Point

原形	過去形
・show →	showed
・tell →	told
・teach →	taught

3 日本語に合う英語になるように，語句を正しく並べかえなさい。

□(1) ユカは私に料理は楽しいと教えてくれました。

was / taught / cooking / fun / me / that / Yuka / .

____

□(2) 彼は私たちにそのクイズは簡単だとは言いませんでした。

that / easy / tell / was / didn't / us / he / the quiz / .

____

Point
「(人)に～ということは言いませんでした」
→動詞tellの前にdidn'tを置く

教 科書内容の確認

次の英文が教科書14ページの本文の内容と合うものには○を，合わないものには×をつけなさい。

□(1) Mr. Ishii's company made special wheelchairs for the athletes. (　　)

□(2) The wheelchairs play the important part in the athletes' lives. (　　)

解答 p.2

Unit 0・1 総合問題

教科書 4 ▸ 15

1 文法 (　　)内の語を正しい形にしなさい。

□(1) Tom (have) visited the park twice. ______

□(2) Have you ever (help) people from other countries? ______

□(3) We have never (hold) a birthday party for Eri. ______

□(4) The movie made (he) so excited. ______

2 語句・表現 ______に入る語を，下から選んで書きなさい。

□(1) We watched the match ______ TV.

□(2) I was amazed ______ his performance.

□(3) Tom is a great athlete. Let's check him ______.

□(4) He was not satisfied ______ ordinary types.

out	with	on	at

3 文法 日本語に合う英語になるように，______に正しい語を入れなさい。

□(1) 私はその運動選手について聞いたことがありません。

______ never ______ of the athlete.

□(2) あなたはその祭りを見たことがありますか。 ―― はい，あります。

______ you ______ ______ the festival?

―― Yes, I ______.

□(3) 長時間歩いたので，私たちは疲れました。

Walking long time ______ us ______.

□(4) 彼らはよく私たちに科学技術は大切だと言います。

They often ______ us ______ technology is important.

ヒント

2(2) be amazed at ... ＝「…に驚かされる」

3(1)(2) 「…したことがある」＝have[has]＋過去分詞

(3) 「…を～の状態にする」＝make＋名詞(人など)＋形容詞

4 文法　日本語に合う英語になるように，語句を正しく並べかえなさい。

□(1)　彼はその文化祭に行ったことがあります。
been / has / the school festival / to / he / .

□(2)　ジョンはなぜあんなにうれしそうなのですか。
happy / made / so / John / what / ?

□(3)　その記事は私たちにその車いすはセンスがよいと示しています。
stylish / the wheelchair / shows / is / the article / that / us

5 読解　文章を読んで，あとの問いに答えなさい。

> Wheelchair tennis is an exciting Paralympic sport. Japan has some really famous players.
>
> One example is Kunieda Shingo. He has won many world championships. I watched some videos of his matches. I was amazed at his power and speed. However, Mr. Kunieda says, “Sometimes people say playing tennis in a wheelchair is amazing. ①It makes me uncomfortable. We're playing tennis just like other people.”
>
> Another well-known player is Kamiji Yui. She became the youngest Grand Slam winner in 2014. …中略…
>
> These two players remind us of ②the power of sports. Everyone can enjoy sports, and playing and watching them makes people happy and positive.

□(1)　下線部①のItは何を指していますか。日本語で書きなさい。
(　　　　　　　　　　　　　　　　　　　　)

□(2)　下線部②のthe power of sportsとはどのような「力」ですか。(　　)に適切な日本語を入れて文を完成しなさい。
スポーツは，だれでも(　　　　　　　　)ができて，それらを(　　　　　　　　)することで，人々を(　　　　　　　　)にする力。

ヒント
4(1)　「…に行ったことがある」＝have [has] been to ...　(3)　目的語にthat節を使う文。
5(1)　直前の国枝《くにえだ》さんの発言内容に着目。　(2)　直後の１文の内容に着目。

解答 p.2～3

Let's Write ①

教科書 17

有名人への手紙 —ファンレター—

ファンレターの書き方

April 30, 2023

Dear Justin,

My name is Asami. … I am a big fan of yours.

I have not been to any of your concerts, …

All the best,

Saito Asami

2023年4月30日

ジャスティン様

私の名前は朝美《あさみ》です。…私はあなたの大ファンです。

私はあなたのコンサートにはどれも行ったことがありません，…

万事うまくいきますように

斉藤《さいとう》朝美

手紙の形式では，日付，はじめと終わりのあいさつ，署名がポイントです。

※右上に日付を「月＋日，西暦」の順に書き，次に相手の名前を「Dear＋名，」と書きます。

まず，はじめての相手なら自己紹介をしましょう。

My name is Asami. I am a big fan of yours.

（私の名前は朝美です。私はあなたの大ファンです。）

次に，本文に入ります。感想や，好きな理由，質問などを書きます。

Your last performance was really awesome.

（あなたのこの前の公演は本当に最高でした。）

When you face a difficult challenge, how do you get over it?

（あなたは困難に直面したとき，どのように乗り越えますか。）

最後のメッセージを書いて，結びます。

I hope to be in the audience. （公演を見に行きたいと思います。）

※終わりには，All the best, などとあいさつし，署名をします。

Check!

私は二度，あなたのコンサートに行ったことがあります。

I (have) (been) (to) your concerts twice.

あなたのパフォーマンスはいつも私をわくわくさせます。

Your performances always (make) me excited.

New Words

① 明るい (bright)　② とても，すごく (super)

③ 難問 (challenge)　④ 聴衆，観客 (audience)

1 リカがケイティという歌手にあてた手紙の＿＿＿に入る語を，下から選んで書きなさい。

Navi
それぞれ次の意味の文を作る

①ケイティ様
②私はあなたのファンです。
③公演を見に行きたいと思います。
④万事うまくいきますように。

July 11, 2023

□① ＿＿＿＿＿ Katy,

My name is Rika. I am a □② ＿＿＿＿＿ of yours.

I love the words of your songs.

I □③ ＿＿＿＿＿ to be in the audience.

□④ ＿＿＿＿＿ the best,

Rika

fan　dear　all　hope

2 大リーグ選手のマイクにあてた手紙（本文）の日本語に合うように，＿＿＿に正しい語句（3～4語）を入れなさい。

Point
・「…に感動する」
→be impressed with ...
・「…に手紙の返事を書く」
→write ... back

ぼくは，あなたのプレーに感動しました。あなたはとてもかっこいいです。

マイク，質問が1つあります。優勝したとき，どう感じましたか。もし時間があったら，ぼくに手紙の返事を書いてください。

I □① ＿＿＿＿＿＿＿＿＿＿ your performance. You are so cool.

I □② ＿＿＿＿＿＿＿＿＿＿, Mike. When you won the Championship, □③ ＿＿＿＿＿＿＿＿＿＿?

Please □④ ＿＿＿＿＿＿＿＿＿＿ if you have time.

解答 p.3

Let's Listen ①

教科書 18

ディスカッション

表現のまとめ

ディスカッションを聞いて，自分の意見を考えるための情報を理解する。

I'**d like to** visit Kyoto **because** there are famous shrines there.
（京都には有名な神社があるので，そこを訪れたいです。）

I saw a wonderful festival last year**, and I want to** see it again.
（昨年私はすばらしい祭りを見ました，そしてまたそれを見たいです。）

I **have been to** Kyoto**, so I want to** visit another city this year.
（私は京都に行ったことがあるので，今年はほかの都市を訪れたいです。）

相手の「行きたい理由」や「その場所のよかった点」などを聞き取るときは，because（だから），and（そして），so（それで）などの接続語に着目する。

練習１ ⑴・⑵の会話文を聞き，ジャックとお母さんのそれぞれが京都を訪れたい季節と，その理由を書きなさい。

	名前	訪れたい季節	理由
□	⑴　ジャック		
□	⑵　お母さん		

練習２ 会話文を聞いて，______に適切な語句（１～３語）を書きなさい。

Jack: Mom, we are going to visit Kyoto this year, right?

Mother: That's right. Your father will take us there.

□*Jack:* Great! When can we go?
There are a lot of special ______ at the temples, so I'd like to visit during ______ and join them.

□*Mother:* Sounds interesting. I think ______ is the perfect season ______ the leaves turn ______ then. So the trees at the temples are beautiful.

Jack: That's right. When does dad want to go?

Mother: Well, let's ask him when he comes home today.

❶ マイクとリカの意見を聞いて，次の質問に答えなさい。

□(1) それぞれが行く予定の観光施設と，理由を書きなさい。

名前	行く予定の観光施設	理由
マイク	北海道の ( )	( )
リカ	沖縄の ( )	( )

□(2) 自分もいっしょに行くとしたら，マイクとリカのどちらの案がよいか選び，(1)の答えをもとに，自分の意見を書きなさい。

I think Mike's / Rika's idea is good because ＿＿＿＿＿＿＿＿

＿＿＿＿＿＿＿＿＿＿＿＿＿＿＿＿

❷ トムとリサの意見を聞いて，次の質問に答えなさい。

□(1) それぞれが使いたい交通手段と，理由を書きなさい。

名前	使いたい交通手段	理由
トム	( )	( )
リサ	( )	( )

□(2) 自分もいっしょに行くとしたら，トムとリサのどちらの案がよいか選び，(1)の答えをもとに，自分の意見を書きなさい。

I think Tom's / Lisa's idea is good because ＿＿＿＿＿＿＿＿

＿＿＿＿＿＿＿＿＿＿＿＿＿＿＿＿

解答 p.3

Unit 2 Haiku in English

Scene ①

Key Sentence 5 現在完了形(完了用法)

「…したところだ」という言い方

I **have** just **finished** my homework.
(私はちょうど宿題を終えたところです。)

Have you **finished** your homework yet?
(あなたはもう宿題を終えましたか。)

— Yes, I **have**. I **have** already **finished** it.
(はい。私はすでにそれを終えました。)

「(たった今)…したところだ」や「(もう)…してしまった」と，動作が終わったことを言うときも，**〈have[has]＋過去分詞〉**の形を使う。

「(たった今)…したところだ」 I have just finished my homework.
〈have (just)＋過去分詞〉

「(もう)…してしまった」 I have already finished it.
〈have (already)＋過去分詞〉

「もう…しましたか」 Have you finished your homework yet?
Have [Has]は主語の前　過去分詞　(yet:) もう

justとalreadyは肯定文で，yetは疑問文や否定文で使うよ。

完了用法とよくいっしょに使う語	
just	たった今
already	すでに，もう
yet	(疑問文で)もう (否定文で)まだ

Check!
私たちはちょうど昼食を食べ終えたところです。
We (have) (just) (finished) having lunch.

New Words
① すでに，もう (already)
② [疑問文で]もう，[否定文で]まだ (yet)
③ 眠る，寝ている (sleep)
④ readの過去分詞 (read)

1 絵を見て，「たった今…したところです」「もう…してしまいました」「まだ…していません」という文を作りなさい。

例 I have just washed my shoes.

(1)

just / read

(2)

already / cook

(3)

clean / yet

□(1) I have ＿＿＿＿ ＿＿＿＿ your message.

□(2) Saki has ＿＿＿＿ ＿＿＿＿ lunch.

□(3) The teacher hasn't ＿＿＿＿ his car ＿＿＿＿ .

Navi

それぞれ次の意味の文を作る

(1)私はたった今あなたのメッセージを読んだところです。
(2)サキはもう昼食を作ってしまいました。
(3)先生はまだ車を洗っていません。

2 英語の意味を日本語で書きなさい。

□(1) Taku has already opened the window.
タクは（　　　　　　　　　　　　　　）。

□(2) Have you washed your face yet?
あなたは（　　　　　　　　　　　　　　）。

□(3) I haven't finished my homework yet.
私は（　　　　　　　　　　　　　　）。

Point

yetの意味

・疑問文
→もう［すでに］
・否定文
→まだ［今のところは］

3 日本語に合う英語になるように，語句を正しく並べかえなさい。

□(1) 私たちはもうその公園に着きました。
the park / already / arrived at / have / we / .

＿＿＿＿＿＿＿＿＿＿＿＿＿＿＿＿＿＿

□(2) 彼女はまだトムに会っていません。
not / she / yet / has / seen / Tom / .

＿＿＿＿＿＿＿＿＿＿＿＿＿＿＿＿＿＿

Point

・「もう…してしまった」
→have［has］
already＋過去分詞
・yet
→文末に置く

教科書内容の確認

教科書21ページの本文の内容について，質問に英語で答えなさい。

□(1) Has Meg finished her English homework yet?
— ＿＿＿＿, she ＿＿＿＿.

□(2) When did Kaito write Meg back?
— ＿＿＿＿ ＿＿＿＿ ＿＿＿＿.

解答 p.5

Unit 2 Haiku in English

Scene ②

Key Sentence 6　現在完了形(継続《けいぞく》用法)

「(ずっと)…(の状態)だ」という言い方

I **have lived** in Japan for five years.
(私は５年間ずっと日本に住んでいます。)

How long have you **lived** in Japan?
(あなたはどのくらい長く日本に住んでいますか。)

— For five years.
(５年間です。)

「(ずっと)…(の状態)だ」と，過去のある時点から現在まで，ある状態が続いていることを言うときも，**〈have[has]＋過去分詞〉**の形を使う。

「～の間…だ」　I **have lived** in Japan **for** five years.
〈have [has]＋過去分詞〉　〈for＋時間の長さを表す語句〉

「～(して)以来…だ」　I **have lived** in Japan **since** 2020.
〈have [has]＋過去分詞〉　〈since＋過去のある時点を表す語句〉

「どのくらい長く…ですか」　**How long have** you **lived** in Japan?
〈How long have [has]＋主語＋過去分詞〉

How long …? の文には For …. や Since …. で答えることができる。

継続用法でよく使う動詞には，liveのほかにknow，want，likeなどがあるよ。

継続用法とよくいっしょに使う語

for	…の間
since	…(して)以来

Check!　彼らは10年間ずっとこの市に住んでいます。
They (have) (lived) in this city (for) ten years.

New Words

① …(して)以来　(since)　② 像，肖像，印象　(image)
③ 好奇心の強い　(curious)　④ 詩人　(poet)

1 絵を見て，「～の間…しています」「～(して)以来…しています」という文を作りなさい。

例 I have played tennis for two years.

(1)

live

(2)

use

(3)

study

□(1) Mr. Ito has ______ in this city ______ 2015.

□(2) Ms.Yamada has ______ this camera ______ three years.

□(3) The students have ______ English ______ they were in elementary school.

Navi
それぞれ次の意味の文を作る

(1)伊藤先生はこの市に2015年以来住んでいます。
(2)山田先生はこのカメラを3年間使っています。
(3)生徒たちは小学校にいるときから英語を学んでいます。

2 会話が成り立つように，______に正しい語を入れなさい。

□(1) A： I began to practice the piano when I was ten.
B： ______ you practiced it ______ five years, then?
A： Yes, I ______.

□(2) A： Hajime lives in Kawane-machi.
B： Really? ______ ______ has he lived there?
A： ______ he was eight.

Point
sinceのあとにくる語句
・過去のある時点を表す語句
・〈主語＋動詞〉の文

3 日本語に合う英語になるように，語句を正しく並べかえなさい。

□ あなたはどのくらいの間バスを待っているのですか。
you / the bus / long / waited for / how / have / ?

____

Point
「どのくらい長く…ですか」
→How long have [has]＋主語＋過去分詞...？

教 科書内容の確認

教科書22ページの本文の内容について，質問に英語で答えなさい。

□(1) When did Mr. Baker come to Japan?
— ______ years ______.

□(2) How long has Mr. Baker liked Basho?
— ______ he first ______ Basho's haiku.

解答 p.5

Unit 2 Haiku in English

Read and Think ①

Key Sentence 7 現在完了進行形

「(ずっと)…している」という言い方

I have been reading a book since 10 a.m.
(私は午前10時からずっと本を読んでいます。)

「(ずっと)…している」と，過去のある時点から現在まで，ある動作が続いていることを言うときは，**〈have[has] been + …ing〉**の形を使う。

「今，…している」 I am reading a book now.
〈be動詞+…ing〉 now：今

「～以来…している」 I have been reading a book since 10 a.m.
〈have [has] been +…ing〉 since：…以来

現在完了進行形の文では，
wantやlikeのように，
-ingにしない動詞は使えないよ。

現在完了形の継続用法と現在完了進行形の違い。

「現在完了形の継続用法」 I have read a book since 10 a.m.
※午前10時からずっと本を読んでいることを表す。

「現在完了進行形」 I have been reading a book since 10 a.m.
※午前10時からずっと本を読んでいて，**これからも読み続ける**ことを表す。

Check! 私は午後6時からずっとテレビを見ています。
I (have) (been) (watching) TV since 6 p.m.

New Words
① …を含む[含める] (include) ② 季節の (seasonal)
③ you haveの短縮形 (you've) ④ writeの過去分詞 (written)

1 絵を見て，「ずっと…しているところです」という文を作りなさい。

例 I have been studying English for two hours.

(1)

use / an hour

(2)

play / one o'clock

(3)

snow / three days

□(1) They have ______ ______ computers ______ an hour.

□(2) Emily ______ ______ ______ the piano ______ one o'clock.

□(3) It has ______ ______ ______ three days.

Navi
それぞれ次の意味の文を作る

(1)彼らは1時間ずっとコンピュータを使っています。
(2)エミリーは1時からずっとピアノをひいています。
(3)3日間ずっと雪が降っています。

2 日本語に合う英語になるように，______に正しい語を入れなさい。

□(1) 日本の人々は何世紀もの間ずっと俳句を書いてきました。
Japanese people have ______ ______ haiku ______ many centuries.

□(2) あなたはどのくらいテニスの練習をしているのですか。
How long ______ you ______ ______ tennis?

□(3) 私たちは正午からここにいます。
We ______ ______ here ______ noon.

Point
・「俳句を書く」
→write haiku
・「…にいる」
→be動詞で表す

3 日本語に合う英語になるように，語を正しく並べかえなさい。

□ 彼は2010年から数学を教えています。
2010 / has / since / teaching / he / been / math / .

____

Point
現在完了形や現在完了進行形の文の「…から」はsinceを使う。

教 科書内容の確認

教科書24ページの本文の内容について，質問に英語で答えなさい。

□(1) What has Meg been doing since 10 a.m.?
── She ______ ______ ______ a book.

□(2) What do we have to include in haiku?
── ______ ______ ______ .

解答 p.5

Unit 2 Haiku in English

Read and Think ②

重要文　not only ... but also ～とso ... that ～の文

「…だけでなく～もまた」という言い方
「とても…なので～だ」という言い方

Haiku in English are **not only** easy to write, **but also** easy to read.
（英語の俳句は書くのが簡単なだけでなく，読むのも簡単です。）

There are **so** many sites **that** you can even find birthday haiku or pop culture haiku.
（とても多くのサイトがあるので，あなたは誕生日の俳句や大衆文化の俳句を見つけることさえできます。）

「…だけでなく～もまた」と言うときは，**not only ... but also** ～の形を使う。

「…だけでなく～もまた」

Haiku in English are not only easy to write, but also ～.
alsoは省略できる

「とても…なので～だ」と言うときは，**so ... that** ～の形を使う。thatのあとには文の形「主語＋動詞」がくる。

「とても…なので～だ」

There are so many sites that you can even find ～.
〈主語＋(助動詞)＋動詞〉

※thatのあとに否定文がくると，「とても…なので～ない」という意味になる。
※soのあとには形容詞や副詞がくることもある。

Check! とても多くのクラブ活動があるので，あなたのお気に入りのものを見つけることができます。
There are (so) many club activities (that) you can find your favorite one.

New Words

① 実は，本当は (actually)　② もっと少なく (less)
③ 厳しい (strict)　④ …もまた(～ない) (either)

1 絵を見て，「とても…なので〜です[でした]」という文を作りなさい。

例 I was so tired that I went home early.

(1)

attractive

(2)

fast

(3)

hot

□(1) Ms. Yamada is so ______ ______ she is loved by her students.

□(2) John can run ______ ______ that he will be a good athlete.

□(3) It was ______ ______ ______ I stayed at home yesterday.

Navi

それぞれ次の意味の文を作る

(1)山田先生はとても魅力的なので，彼女の生徒に好かれています。
(2)ジョンはとても速く走ることができるので，彼はよいアスリートになるでしょう。
(3)昨日はとても暑かったので，私は家にいました。

2 日本語に合う英語になるように，______に正しい語を入れなさい。

□(1) このかばんは大きいだけでなく，軽いです。

This bag is ______ ______ large, ______ ______ light.

□(2) その山はとても高いので，私は登れません。

The mountain is ______ ______ ______ I can't climb it.

Point

「とても…なので〜できない」
→so ... that＋主語＋can't＋動詞 〜

3 日本語に合う英語になるように，語句を正しく並べかえなさい。

□(1) 彼は厳しいだけではなく，親切でもあります。

only / kind / he / not / strict / is / but / , / .

____

□(2) その本はとても簡単なので，私は読めます。

can / is / I / it / that / so / the book / easy / read / .

____

Point

「…だけでなく〜もまた」
→not only ... but (also) 〜

教科書内容の確認

次の英文が教科書26ページの本文の内容と合うものには○を，合わないものには×をつけなさい。

□(1) People outside Japan have been very interested in haiku. (　　)

□(2) Mr. Baker thinks visiting haiku websites will be useful to learn English. (　　)

解答 p.5～6

Unit 2 総合問題

教科書 21 ▸ 27

1 文法 (　　)に入る正しい語を選んで書きなさい。

□(1) I have (already, yet) cleaned the room.

□(2) Has he come home (just, yet)?

□(3) We have lived here (for, since) 2015.

□(4) We have been (talking, talked) for an hour.

2 語句・表現 日本語に合う英語になるように，______に正しい語を入れなさい。

□(1) あなたはなぜここに来たのですか。

What ______ you here?

□(2) みんなの俳句を読むのを待ちきれません。

I can't ______ to read everyone's haiku.

□(3) サラは英語だけでなく日本語も話します。

Sara speaks ______ ______ English ______ ______ Japanese.

□(4) 私はとても疲れているので，外出できません。

I feel ______ tired ______ I ______ go out.

3 文法 各文を(　　)内の指示に従って書きかえなさい。

□(1) Rika has already used the pen. (否定文に)

Rika ______ ______ the pen ______.

□(2) They have known each other <u>for two years</u>. (下線部をたずねる文に)

______ ______ ______ they known each other?

□(3) Max is watching TV <u>now</u>. (下線部を「午後７時から」に)

Max has ______ ______ TV ______ 7 p.m.

ヒント

1 (1)(2) already や just は肯定文，yet は疑問文や否定文に使う。

2 (1) bring＝「…を連れてくる」

3 (2) 時間の長さをたずねるときは How long ...? の文を使う。

4 文法　日本語に合う英語になるように，語句を正しく並べかえなさい。

□(1) アンはちょうどお母さんに電話をしたところです。
called / just / Ann / her mother / has / .

□(2) 私たちは長い間イヌがほしいと思っていました。
have / a dog / for / wanted / a long time / we / .

□(3) 彼らは正午からずっと勉強しているのですか。
studying / have / noon / they / since / been / ?

5 読解　文章を読んで，あとの問いに答えなさい。

Father: What are you reading, Meg? You've been reading that since 10 a.m.
Meg: It's a book about haiku. It's a little difficult, but it's interesting. Look.

Haiku have been an important part of Japanese culture since the Edo period. Japanese people have been writing haiku for centuries.

Haiku are different from traditional English poems. First, they are not written in sentences. They use only a few words. Second, the lines do not have to rhyme. Third, a seasonal word must be included.

On the other hand, like most English poems, rhythm is very important. Haiku use three lines — five, seven, and five syllables long.

□(1) 俳句が伝統的な英語の詩と異なる点を３つ，日本語で書きなさい。
(　　　　　　　　　　)
(　　　　　　　　　　)
(　　　　　　　　　　)

□(2) 俳句が英語の詩と似ている点を１つ，日本語で書きなさい。
(　　　　　　　　　　)

ヒント
4(1) justやalreadyは過去分詞の前に置く。　(2)「長い間」＝for a long time
5(1) be different from ...＝「…とはちがっている」　(2) like ...＝「…のように」

解答 p.6

Let's Talk ①

教科書 29

はじめての出会い —歓迎する—

重要文　歓迎する気持ちを伝える文

Welcome to our school, Mr. Baker.
（私たちの学校へようこそ，ベーカー先生。）

We've been looking forward to your class.
（私たちはあなたの授業をずっと楽しみにしています。）

初対面の相手に，「ようこそ…へ。」と歓迎する気持ちを伝えるときは **Welcome to ....** の文を使う。

Welcome to our school, Mr. Baker.
└相手の名前を呼びかけて親しさを表す

相手としたいと思っていることを言うときは，**We have been looking forward to** ＋**名詞［動詞の -ing 形］....** の文を使う。

We have been looking forward to seeing you.
動詞の -ing 形
（あなたに会うことを楽しみにしています。）

相手の気持ちに配慮しながら，質問をしたり，手助けを申し出たりしてもよい。

Have you been to this festival before?
（以前にこの祭りに来たことがありますか。）

Feel free to ask me if you have any questions.
（もし何か質問があれば，遠慮なく私に聞いてください。）

I hope you enjoy your time in Japan.
（あなたが日本での時間を楽しんでくれるとよいと思います。）

Check!

英語部へようこそ，グリーン先生。
(Welcome) (　to　) our English club, Ms. Green.

私たちはあなたと勉強することをずっと楽しみにしています。
We have (　been　) (looking) (forward) (　to　) studying with you.

New Words

① さようなら　(goodbye)　② we have の短縮形 (　we've　)
③ 自由な，束縛されない (　free　)

1 サキと日本に移住してきたビルの対話の＿＿＿に入る語を，下から選んで書きなさい。

□① ＿＿＿＿＿ to our school, Bill.
□② ＿＿＿＿＿ free to ask me if you have any questions.

Thank you, Saki.
I'm happy to □③ ＿＿＿＿＿ that.

hear　welcome　feel

Navi それぞれ次の意味の文を作る

①私たちの学校へようこそ，ビル。
②もし何か質問があれば，遠慮なく私に聞いてください。
③それを聞いてうれしいです。

2 リクと外国からの旅行者との対話が成り立つように，＿＿＿に正しい語句（３～４語）を入れなさい。

□① ＿＿＿＿＿＿＿＿＿＿ to Kyoto before?

No, I haven't. I'll visit Kyoto tomorrow. I've been looking □② ＿＿＿＿＿＿＿＿＿＿ famous temples there.

□③ I ＿＿＿＿＿＿＿＿＿＿ your time in Japan.

Point
・「あなたは…へ行ったことがありますか。」
　→Have you been to ...?
・「…を楽しみに待つ」
　→look forward to ＋名詞［動詞の-ing形］

解答 p.6

Grammar for Communication 1

教科書 30 ▸ 31

現在完了形と現在完了進行形

現在完了形の文は，「経験」「完了」「(状態の)継続」の３つの用法がある。
現在完了進行形の文は，「(動作の)継続」を表す。

形を覚えよう　主語(S)　動詞(V)　目的語(O)　修飾語

現在完了形「経験」
…したことがある

I have visited Kyoto twice.

Have you ever visited Kyoto?
— Yes, I have. / No, I have not.
I have never visited it.

★ever([疑問文で]これまでに)，never(一度も…ない)

現在完了形「完了」
(ちょうど)…したところだ
(もう)…してしまった

I have just finished my lunch.
I have not finished my lunch yet.
She has already finished her lunch.

Has she finished her lunch yet?

★yet([否定文で]まだ，[疑問文で]もう)

現在完了形「継続」
(ずっと)…だ

He has lived here since 2015.

How long has he lived here?
— For five years.

★for(…の間)，since(…［して］以来)
★live，like，wantのような**状態を表す動詞**がよく使われる。

現在完了進行形
(ずっと)…している

I have been playing the game for an hour.

★動作を表す動詞(...ing形にできる動詞)を使う。

1 (　　)内の語を正しい形にしなさい。

□(1) I have (stay) at this hotel once.

□(2) My brother (have) just started doing his homework.

□(3) Has Max (be) waiting here for thirty minutes?

□(4) We have been (practice) tennis since 1 o'clock.

2 ______に入る語を，下から選んで書きなさい。

□(1) Has Ken ______ cooked Japanese food?

□(2) We have ______ researched about the team.

□(3) I have not washed my hands ______.

□(4) Ann has studied Japanese ______ she was a child.

yet	already	since	ever

3 日本語に合う英語になるように，______に正しい語を入れなさい。

□(1) 私たちは北海道に３度行ったことがあります。

We ______ ______ ______ Hokkaido three ______.

□(2) 私はまだその本を読んでいません。

I ______ ______ the book ______.

□(3) 彼はどのくらいの間そのアスリートのファンなのですか。

______ ______ has he ______ a fan of the athlete?

□(4) ナオは２時間そのコンピュータを使っています。

Nao ______ ______ ______ the computer for two hours.

4 日本語に合う英語になるように，語句を正しく並べかえなさい。

□(1) スミス先生はその祭りに一度も参加したことがありません。

the festival / has / joined / never / Ms. Smith / .

____

□(2) あなたはもうあなたのお父さんと話しましたか。

your father / talked with / yet / you / have / ?

____

□(3) 彼らは正午から何をしていますか。

been / what / since / they / doing / noon / have / ?

____

解答 p.6

Let's Listen ② 講演

教科書 34

社会問題に関する講演を聞いて，話し手の伝えたい内容を理解しよう

長い講演で，話し手がいちばん伝えたいことは講演のはじめ，または最後に話されることが多いので注意して聞く。

また，話し手がそのような意見を持つようになったきっかけや実際に起こっていることについて聞くときには，「だれが」，「何を」，「どこで」，「いつ」，「なぜ」，「どのように」を中心に聞き取り，人名や都市名，日付や数字などのキーワードをメモする。

練習 1 (1)・(2)の英文を聞き，次の質問に答えなさい。

□(1) 講演の前半を聞いて，内容と関係のある資料をすべて選びなさい。

ア

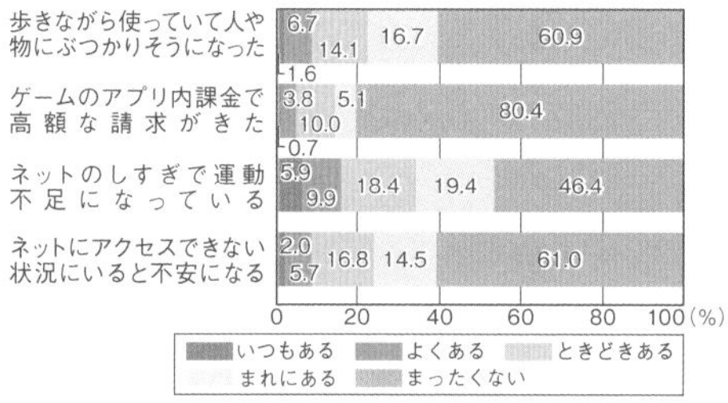

イ

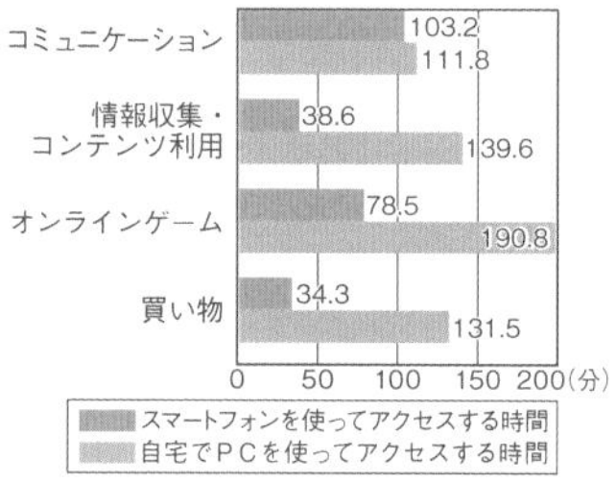

ウ

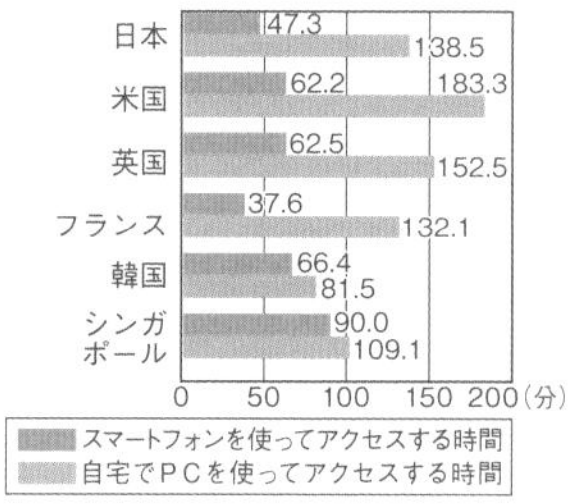

(　　　　　)

□(2) オンラインゲームを長時間することによって起きる病気の症状を２つ書きなさい。

① ゲームをすることの方が(　　　　　　　　　　　　　　　　　　　　　　)。

② ゲームをしたいので，(　　　　　　　　　　　　　　　　　　　　　　)。

練習 2 講演を聞いて，＿＿＿に適切な語句(１～３語)を書きなさい。

□ Do you often use computers or smartphones? Many people in the world use them for a long time every day. In Japan, people use computers to get information or for shopping for more than ＿＿＿＿＿＿ in day. Also, people use them to play games for more than ＿＿＿＿＿＿. If you play online games too much, you may become sick. Then, you may think playing games is more ＿＿＿＿＿ than your ＿＿＿＿＿＿＿＿. Some students don't go to ＿＿＿＿＿ because they want to play games. It is a serious problem. Using computers and smartphones is very helpful and fun, but we need to use them very carefully.

1 講演を聞いて，次の質問に答えなさい。

□(1) 学校に行けないことで，どのような連鎖が起こりますか。①～③に入るものを右のア，イ，ウから選んで記号で答えなさい。

子供が学校に行けない

↓

①(　　　　　)

↓

②(　　　　　)

↓

③(　　　　　) → 自分の子供を学校に行かせられない（→ 子供が学校に行けない）

ア　よい仕事を得られない
イ　貧困におちいる
ウ　読み書きができない

□(2) 日本国内の読み書きが困難な人について，内容に合うように日本語を書きなさい。

　戦争のせいで学校に行けなかった(　　　　　　　　)がいるので，その人たちのためにいくつかの(　　　　　　　)がある。彼らはそこで，(　　　　　　　)に勉強している。

2 講演を聞いて，次の質問に答えなさい。

□(1) 子ども食堂とはどのようなものか書きなさい。

数	2012年に始まり，①(　　　　　)年には全国に②(　　　　　)以上に広がった。
料金	子供は③(　　　　　)，大人は④(　　　　　)。
利点	もし子供に⑤(　　　　　　　　　　　　　　　　　　)。

□(2) 英文を聞いて，内容と関係のある資料を選びなさい。

ア

イ

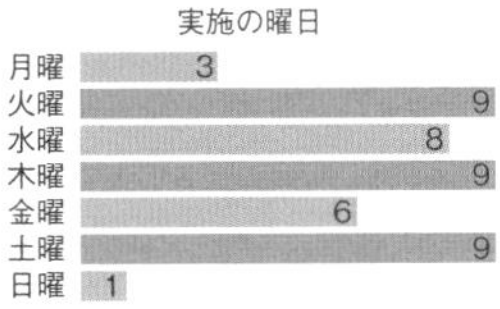

ウ

(　　　　　)

解答 p.7

Unit 3 Animals on the Red List

Scene ①

Key Sentence 8 It is ... (for＋(人など))＋to＋動詞の原形

「(人など)が～することは…だ」という言い方

It is important **for** us **to understand** the problem.
(私たちが問題を理解することが重要です。)

「～することは…だ」と，「～すること」を主語にして言うときは，主語に-ing形やto＋動詞の原形を使うことができる。
ほかに，**itを主語**にすることもできる。

「～することは…だ」 It（主語） is important to understand（to＋動詞の原形＝～すること） the problem.

※Itは形のうえの主語なので，「それは」とは訳さない。
意味のうえでは〈to＋動詞の原形〉が主語。

「(人)が～することは…だ」，「(人)にとって～することは…だ」というときは**for**＋人を〈to＋動詞の原形〉の前に置く。

「(人)が～することは…だ」 It is important for（(人)が，(人)にとって） us（人） to understand the problem.

※forのあとに入る「人」が，〈to＋動詞の原形〉の表す動作をする。

forのあとに代名詞がくるときは，目的格を使うよ。

It is ... to ～とよくいっしょに使う語

necessary	必要な
difficult	難しい
interesting	興味深い

Check! 私にとって写真を撮ることは楽しいです。
(It) is fun (for) me (to) (take) pictures.

New Words

① 気候 (climate)
② 生き残る (survive)
③ 状況 (condition)
④ 危険(性) (danger)
⑤ 絶滅の危機にさらされている (endangered)

❶ 絵を見て,「(人)にとって～することは…です」という文を作りなさい。

例 It is important for us to study English.

(1) 
difficult

(2) 
fun

(3) 
interesting

□(1) ______ is ______ for Saki ______ use a computer.

□(2) ______ is ______ ______ Riku ______ cook.

□(3) ______ is ______ ______ Emily ______ play the *shamisen*.

Navi
それぞれ次の意味の文を作る

(1)サキにとってコンピュータを使うのは難しいです。
(2)リクにとって料理をすることは楽しいです。
(3)エミリーにとって三味線をひくことは興味深いです。

❷ 日本語に合う英語になるように,＿＿に正しい語を入れなさい。

□(1) 留学することは簡単ではありません。

______ is ______ easy ______ study abroad.

□(2) 私たちがこれを理解することは大切です。

______ is ______ ______ us ______ understand this.

Point
「(人)が～することは…ではない」
→It is not ... (for＋(人))＋to＋動詞の原形

❸ 日本語に合う英語になるように，語句を正しく並べかえなさい。

□(1) 早起きすることはよいことです。

get up / it / to / early / good / is / .

____

□(2) あなたには本を読むことが必要です。

read / is / you / necessary / it / to / for / books / .

____

Point
「(人)が～することは…だ」
→It is ... (for＋(人))＋to＋動詞の原形

教科書内容の確認

次の英文が教科書37ページの本文の内容と合うものには○を，合わないものには×をつけなさい。

□(1) The number of many kinds of animals is decreasing. (　　)

□(2) It is easy for us to save endangered animals in the world. (　　)

解答 p.8

Unit 3 Animals on the Red List

Scene ②

Key Sentence 9　want＋(人など)＋to＋動詞の原形の文

「(人など)に…してほしい」という言い方

I want everyone to know this fact.
(私は全ての人にこの事実を知ってほしいです。)

「(人など)に…してほしい」と言うときは，**want**＋(人など)＋**to**＋**動詞の原形**の形を使う。

「～に…してほしい」　I **want** everyone **to know** this fact.
(everyone：(人)に)

※wantのあとに入る「人」が，〈to＋動詞の原形〉の表す動作をする。

同じ形をとる動詞に，**tell**「言う」や**ask**「たのむ」がある。

「(人)に～するように言う」　I **told** him **to come**.　(私は彼に来るように**言いました**。)
(him：(人)に)

「(人)に～するようにたのむ」　I **asked** him **to come**.　(私は彼に来るように**たのみました**。)
(him：(人)に)

tellは相手に命令する表現なので
使うときは気をつけよう。

Check!
私たちは多くの人々にこの計画を知ってほしいです。
I (want) many people (to) (know) this plan.

New Words
① チーター　(cheetah)　② 国際自然保護連合　(IUCN)
③ レッドリスト　(the) (Red) (List)

1 絵を見て，「私は～に…してほしいです」という文を作りなさい。

例 I want you to open the door.

(1)

Saki / sing

(2)

John / cook

(3)

Riku / join

□(1) I want Saki ______ ______ the song.

□(2) I ______ John ______ ______ curry.

□(3) I ______ ______ to ______ our school's baseball team.

Navi
それぞれ次の意味の文を作る

(1)私はサキにその歌を歌ってほしいです。
(2)私はジョンにカレーを作ってほしいです。
(3)私はリクに私たちの学校の野球部に入ってほしいです。

2 英語の意味を日本語で書きなさい。

□(1) I want to read this book.
( )

□(2) I want you to read this book.
( )

□(3) He told me to read this book.
( )

Point

・want to＋動詞の原形
→「…したい」
・want＋人＋to＋動詞の原形
→「(人)に…してほしい」
・tell＋人＋to＋動詞の原形
→「(人)に…するように言う」

3 日本語に合う英語になるように，語を正しく並べかえなさい。

□(1) 彼はいつも私たちに歴史を学ぶように言います。
history / us / always / he / learn / tells / to / .

______

□(2) あなたは私に何をしてほしいのですか。
do / to / do / want / you / what / me / ?

______

Point

「あなたは(人)に…してほしいですか。」
→Do you want＋人＋to＋動詞の原形…？

教 科書内容の確認

教科書38ページの本文の内容について，質問に英語で答えなさい。

□(1) Did Kaito know about the IUCN Red List well?
— ______ he ______.

□(2) Have Kaito and Meg written an article about endangered animals yet?
— ______, they ______.

解答 p.8

Unit 3 Animals on the Red List

Read and Think ①

Key Sentence 10 let [help]＋(人など)＋動詞の原形

「(人など)に…させる」という言い方
「(人など)が…するのを助ける」という言い方

Let us **give** you one example.
(一例をあげさせてください。)

People **helped** *toki* **live** safely.
(人々はトキが安全に生きる手助けをしました。)

「(人など)に…させる」と言うときは，**let＋(人など)＋動詞の原形**の形を使う。

「～に…させる」　Let us give you one example.
（us：～に）

Let's go.は「行きましょう。」と相手を誘う表現だよね。

Let us go.は「私たちを行かせてください。」と相手に許可を求める表現だよ。

「(人など)が…するのを助ける」と言うときは，**help＋(人など)＋動詞の原形**の形を使う。

「～が…するのを助ける」　People helped *toki* live safely.
（*toki*：～が）

Check!

いくつかのよい例をあげさせてください。
(Let) me (give) you some good examples.

彼らは子供たちが安全に泳ぐ手助けをしました。
They (helped) the children (swim) safely.

New Words

① (人)に…させる (let)　② 死ぬ (die)
③ 飛ぶ (fly)　④ …まで(ずっと) (until)

1 絵を見て，「～に…させます」や「～が…するのを助けます」という文を作りなさい。

例 I help my mother cook dinner.

(1)

let / use

(2)

help / study

(3)

let / visit

□(1) I sometimes ______ my sister ______ my computer.

□(2) We often ______ Emily ______ Japanese.

□(3) She will ______ her child ______ the zoo.

Navi

それぞれ次の意味の文を作る

(1)私はときどき妹に自分のコンピュータを使わせます。
(2)私たちはよくエミリーが日本語の勉強をするのを助けます。
(3)彼女は自分の子供を動物園に行かせるでしょう。

2 日本語に合う英語になるように，______に正しい語を入れなさい。

□(1) あとであなたにテレビゲームをさせてあげます。

I'll ______ you ______ video games later.

□(2) 私がこの部屋を掃除するのを手伝ってください。

Please ______ me ______ this room.

□(3) 今，あなたにその本を見せてあげます。

______ me ______ you the book now.

Point

let＋(人)＋動詞の原形
→「(人)に…させる」

3 日本語に合う英語になるように，語句を正しく並べかえなさい。

□(1) ここで写真を撮らせてください。

me / here / take pictures / let / .

____

□(2) 私たちは彼女が夕食を作るのを手伝いました。

helped / dinner / we / make / her / .

____

Point

「(私に)…させてください」
→Let me＋動詞の原形

教科書内容の確認

次の英文が教科書40ページの本文の内容と合うものには○を，合わないものには×をつけなさい。

□(1) People hunted ibises because they had beautiful feathers.　(　　)

□(2) Some original Japanese ibises have been living in Japan.　(　　)

解答 p.8

Unit 3 Animals on the Red List

Read and Think ②

重要文

It is ... to＋動詞の原形，help＋(人など)＋動詞の原形

「(人など)が～することは…だ」という言い方　(復習)
「(人など)が…するのを助ける」という言い方　(復習)

So **it** is important **for** us **to take** action now.
(だから私たちが今行動をとることは大切です。)

Let's **help** the animals **survive.**
(動物が生き残るのを助けましょう。)

「～することは…だ」と，「～すること」を主語にして言うときは，主語に〈-ing形〉や〈to＋動詞の原形〉を使うほかに，**it** を使うこともできる。

「主語が-ing形」　Reading books is important for us.
動詞の-ing形＝～すること　(私たちが本を読むことは大切です。)

「主語がto＋動詞の原形」　To read books is important for us.
to＋動詞の原形＝～すること

「主語がit」　It is important for us to read books.
形のうえの主語　to＋動詞＝～すること

「(人など)が…するのを助ける」と言うときは，**help＋(人など)＋動詞の原形**の形を使う。

「～が…するのを助ける」　Let's help the animals survive.
～が

Check! 私たちがその問題について考えることは大切です。
(It) is important (for) us (to) (think) about the probrem.

New Words

① 装置　(device)
② …を(～に)関係させる (relate)
③ 生態系　(ecosystem)
④ 驚いたことには　(surprisingly)
⑤ 電子の　(electronic)
⑥ …に影響を与える　(affect)
⑦ 人間(全体)　(human being)

❶ 英語の意味を日本語で書きなさい。

□(1) It is fun to join the festival.

(　　　　　　　　　　　　　　　　　　　　　　　　　　　)

□(2) Let's help *toki* survive.

(　　　　　　　　　　　　　　　　　　　　　　　　　　　)

Point

(1) to join ...「…に参加することは」が意味上の主語になる。
(2) Let's ....
→「…しましょう。」

❷ 各組の文がほぼ同じ内容になるように，＿＿＿に正しい語を入れなさい。

□(1) To play shogi is interesting.

→ ＿＿＿＿ is ＿＿＿＿ ＿＿＿＿ play shogi.

□(2) Swimming is good for us.

→ ＿＿＿＿ is ＿＿＿＿ ＿＿＿＿ us ＿＿＿＿ swim.

□(3) To write a letter in English is not easy.

→ ＿＿＿＿ is ＿＿＿＿ easy ＿＿＿＿ write a letter in English.

Point

動詞の-ing形［To＋動詞の原形］＋ is ....
→It is ... (for＋(人))＋to＋動詞の原形.

❸ 日本語に合う英語になるように，語句を正しく並べかえなさい。

□(1) 駅を見つけるのは簡単でした。

to / was / find / easy / the station / it / .

＿＿＿＿＿＿＿＿＿＿＿＿＿＿＿＿＿＿＿＿＿＿＿＿＿＿＿＿

□(2) あなたにとってその箱を運ぶことは難しいですか。

difficult / the box / you / is / carry / for / it / to / ?

＿＿＿＿＿＿＿＿＿＿＿＿＿＿＿＿＿＿＿＿＿＿＿＿＿＿＿＿

□(3) 彼らが動物を守るのを手伝いましょう。

protect / help / animals / them / let's / .

＿＿＿＿＿＿＿＿＿＿＿＿＿＿＿＿＿＿＿＿＿＿＿＿＿＿＿＿

Point

「(人)が～することは…ですか。」
→Is it ... (for＋(人))＋to＋動詞の原形…?

教 科書内容の確認

次の英文が教科書42ページの本文の内容と合うものには○を，合わないものには×をつけなさい。

□(1) The largest gorillas in Congo have already died out. (　　　)

□(2) Not only animals but also human beings are in the ecosystem. (　　　)

解答 p.8～9

Unit 3 総合問題

1 語句・表現　_____ に入る語を，下から選んで書きなさい。

□(1) Many animals are _____ danger of extinction.

□(2) We can learn about animals, birds, plants, and so _____.

□(3) The largest gorillas in the Congo may die _____ soon.

□(4) We are all related _____ each other.

on	to	in	out

2 文法　日本語に合う英語になるように，_____ に正しい語を入れなさい。

□(1) 彼らにとって生き残ることは難しいです。

_____ is difficult _____ them _____ survive.

□(2) 私たちはあなたに記事を書いてもらいたいです。

We _____ _____ _____ write an article.

□(3) 私たちにその部屋を使わせてください。

_____ _____ _____ the room.

□(4) 林先生はアンが日本の文化を理解するのを助けました。

Mr. Hayashi _____ Ann _____ Japanese culture.

3 文法　各組の文がほぼ同じ内容になるように，_____ に正しい語を入れなさい。

□(1) Following the rules is important.

→ _____ is important _____ _____ the rules.

□(2) My mother often says to me, “Get up early.”

→ My mother often _____ me _____ _____ up early.

□(3) Taku said to me, “Please help me finish my work.”

→ Taku _____ me _____ _____ him finish his work.

ヒント

1(2)「…など」＝and so on

2(1)「(人)が～するのは…だ」＝It is ... for＋(人)＋to＋動詞の原形～.

3(2)「…しなさい」と命令している。　(3)「…してください」とたのんでいる。

4 文法　日本語に合う英語になるように，語句を正しく並べかえなさい。

□(1) 私たちにとってよく眠ることは必要なことです。
us / necessary / sleep well / it's / to / for / .

____

□(2) コーチは私たちに毎日練習しなさいと言います。
tells / every day / to / our coach / us / practice / .

____

□(3) このあたりを案内してあげます。
here / me / around / show / you / let / .

____

5 読解　文章を読んで，あとの問いに答えなさい。

However, the population of ibises in Japan rapidly decreased. People hunted them for their beautiful feathers, and development destroyed their environment. It was difficult for them to survive.

In 1981, five ibises were captured on Sado island for breeding. People tried to help them live safely, but they died one by one. The last one died in 2003.

However, we still had some Chinese-born ibises on the island. They were a gift from the Chinese government in the 1990s. Since then, people have been breeding these ibises. We have lost all of the original Japanese ibises, but someday ibises may fly over Japan like before.

□(1) 日本に生息しているトキの数が急激に減った理由を２つ，日本語で書きなさい。
(　　　　　　　　　　　　　　　　　　　　　　　　)
(　　　　　　　　　　　　　　　　　　　　　　　　)

□(2) 本文の内容と合うように，______に正しい語を入れなさい。

When people ______ five ibises on Sado island, they tried to ______ the ibises have babies, but they couldn't. However, the Chinese government ______ us some Chinese-born ibises as a gift, and people have been breeding them since then.

ヒント
4(3)「(人)に(自分が)…してあげる」＝let me＋動詞の原形＋(人)
5(1) 第１段落を参照。　(2) breed＝「…を飼育する，繁殖《はんしょく》する」

解答 p.9

Let's Write ②

教科書 45

記事への意見 —投稿文—

重要文　意見の主張のしかた

I do not think we need laws for electronic device use on the street. **I have two reasons.**

First, …

私は路上での電子機器の使用に対して法律が必要だとは思いません。理由は２つあります。
第一に，…

社会的な話題や身近な問題について，自分の意見を述べる文章では，「自分の意見」「理由・具体例」「まとめ」の順で書くとよい。

最初に，結論として自分の意見を述べる。自分の意見を言うときは，
I think (that) …. または，**I do not think (that) ….** の文を使う。

I do not think we need laws for electronic device use on the street.

次に，理由を述べる。まず，理由がいくつあるのか言う。

I have two reasons.

理由は，**First** や **Second** を使って，順に述べる。

First , sometimes we really need to use those devices outside.
（**第一に**，ときどき，私たちは外でそれらの機器を本当に使う必要があります。）

Second , we can make our own decisions.
（**第二に**，私たちは自分で決定することができます。）

※「第三に」は **Third** で表す。

最後にまとめとして，もう一度自分の意見を述べる。

Check!
私は多くの人々がそのルールを作ることに反対するとは思いません。
(　I　) (　don't　) (　think　) many people will be against making the rule.

New Words

① 運転する	(drive)	② 法律，法	(law)
③ 事故	(accident)	④ 効果的な	(effective)
⑤ 面倒	(bother)	⑥ …を禁止する	(ban)
⑦ 携帯電話などでメッセージをおくる	(text)		

❶「路上での電子機器の使用に対して法律が必要だ」という記事について書かれた意見の＿＿に，正しい語を書きなさい。

I do not □① ＿＿＿＿ we need laws for electronic device use on the street. I have two □② ＿＿＿＿.
□③ ＿＿＿＿, sometimes we really need to use those devices outside.
□④ ＿＿＿＿, we can make our own decisions.
I think we cannot ban everything.

Navi
それぞれ次の意味の文を作る

①…だと，私は思いません。
②理由は2つあります。
③第一に，…。
④第二に，…。

❷ 日本語に合う英語になるように，＿＿に正しい語を入れなさい。

□(1) メッセージをおくることと歩くことについてはどう思いますか。
＿＿＿＿ ＿＿＿＿ texting and walking?

□(2) 彼らはほかのことに取り組むべきです。
They should ＿＿＿＿ ＿＿＿＿ other things.

□(3) 地図を見ることをやめるのは面倒です。
It is a bother to ＿＿＿＿ ＿＿＿＿ at a map.

Point
・「…についてはどう思いますか」
→What about＋名詞［動詞の-ing形］？
・「…するのをやめる」
→stop＋動詞の-ing形

❸「路上での電子機器の使用に対して法律が必要だ」という記事について，あなたの意見を与えられた部分に従って書きなさい。

I □① ＿＿＿＿＿＿＿＿＿＿＿＿＿＿＿＿
＿＿＿＿＿＿＿＿＿＿＿＿. I have two reasons.
First, □② ＿＿＿＿＿＿＿＿＿＿＿＿＿＿＿＿
＿＿＿＿＿＿＿＿＿＿＿＿＿＿＿＿＿＿.
Second, □③ ＿＿＿＿＿＿＿＿＿＿＿＿＿＿＿＿
＿＿＿＿＿＿＿＿＿＿＿＿＿＿＿＿＿＿.
So, □④ ＿＿＿＿＿＿＿＿＿＿＿＿＿＿＿＿
＿＿＿＿＿＿＿＿＿＿＿＿＿＿＿＿＿＿.

Point
・「危ない」
→dangerous
・「注意深く」
→carefully

解答 p.9

Grammar for Communication ②

教科書 46

不定詞 ——「だれがするか」をとらえよう

形を覚えよう

願望や依頼，命令などを表す動詞の目的語に不定詞をおく表現

	主語(S)	動詞(V)	目的語(O)	to 不定詞／原型不定詞
want[tell, ask]＋目的語(人など)＋to＋動詞の原形	I	want	you	to open the door.
		望む	あなたが	ドアをあけることを
	Ms. Ito	told	us	to stay in the room.
		言った	私たちが	その部屋にいることを
	Tom	asked	me	to make lunch.
		たのんだ	私が	昼食をつくることを

★不定詞で表した「行為」をするのは目的語である「人など」。

★tellは「命令」，askは「依頼」を表す動詞。

	主語(S)	動詞(V)	目的語(O)	to 不定詞／原型不定詞
help[let]＋目的語(人など)＋動詞の原形	I	helped	her	do her homework.
		手伝った	彼女が	宿題をするのを
		Let	me	see your book.
		させる	私が	あなたの本を見ることを

★動詞の原形をそのまま不定詞として使うことを**原形不定詞**という。

★letは，「(相手のしたいことを)させる」という「許可」や「放任」の意味がある。

主語をitにして文の初めにおき，意味上の主語である不定詞をあとにまわす表現

It is … ＋(for＋人など)＋to＋動詞の原形	It is	important	for us	to learn our own culture.
			私たちが	自分たちの文化を学ぶことは

★itは形式上の主語なので，「それは」という意味にはならない。

★It isのあとには形容詞をおくことが多い。

❶ (　　)に入る正しい語句を選んで書きなさい。

□(1) He didn't ask me (take, to take) some pictures.　＿＿＿＿

□(2) Please help Yuki (clean, to clean) the room.　＿＿＿＿

□(3) Mr. King often tells us (use, to use) a dictionary.　＿＿＿＿

□(4) Don't let children (run, to run) in the library.　＿＿＿＿

□(5) It's (excited, exciting) for me to watch soccer games.　＿＿＿＿

□(6) It's good (to, for) you to eat vegetables.　＿＿＿＿

❷ 日本語に合う英語になるように，______に正しい語を入れなさい。

□(1) 私に何をしてほしいのですか。

What do you ______ ______ ______ ______ ?

□(2) 私はエリが大阪への旅行を計画するのを手伝いました。

I ______ Eri ______ a trip to Osaka.

□(3) 私たちは彼にその箱の扱いに気をつけるように言いませんでした。

We ______ ______ him ______ ______ careful with the box.

□(4) 私たちにとってコンピュータについて学ぶことは役に立ちます。

______ helpful ______ us ______ learn about computers.

❸ 各組の文がほぼ同じ内容になるように，______に正しい語を入れなさい。

□(1) Max helped me with writing my speech in English.

→Max ______ me ______ my speech in English.

□(2) The man said to me, “Can you tell me the way to the station?”

→The man ______ me ______ ______ him the way to the station.

□(3) Mr. Taylor says to us, “You should speak English in my class.”

→Mr. Taylor ______ us ______ ______ English in his class.

❹ 日本語に合う英語になるように，語句を正しく並べかえなさい。

□(1) その動物園を訪れることは子供たちにとって楽しいでしょう。

fun / the zoo / children / visit / will / for / be / it / to / .

____

□(2) 彼女は私たちに彼女のネコを探すようにたのみました。

to / her cat / she / look for / us / asked / .

____

□(3) 私を一時間寝かせてください。

sleep / let / please / an hour / me / for / .

____

解答 p.9～10

Stage Activity ①

教科書 48 ▸ 51

My Activity Report

重要文　活動報告をする

Hi, everyone. Today **I'm going to tell you about** my club activities.
I'm a member of the soccer team.
I've been a starter since last spring.
I've been practicing very hard.
We're going to ....

こんにちは，みなさん。今日私は自分の部活動について話します。
私はサッカー部の一員です。
私はこの前の春から先発メンバーをしています。私は一生懸命練習し続けています。
私たちは…するつもりです。

自分の部活動や委員会・係などの活動について報告する文章では，「報告する部活動や委員会の紹介」「したことや経験」「みんなへのメッセージ」の順で書くとよい。

最初に，何について報告するか，自分が所属している部などを言う。

Today I'm going to tell you about my club activities.
I'm a member of the soccer team.

次に，したことや経験を言う。過去にしたことは**過去形**を使った文，経験したこと，し続けていることは**現在完了形**や**現在完了進行形**の文を使う。

We won the city championship.　（私たちは市の大会で優勝しました。）
（won：過去形）

I have been a starter since last spring.
（have＋過去分詞＝現在完了形）

I have been practicing very hard to improve my corner kicks.
（have been＋動詞の-ing形＝現在完了進行形）（to improve my corner kicks：コーナーキックを上達させるために）

これからのことは**be going to** ...や**will** ...を使って言う。

最後に，報告を聞いてくれたことに対してThank you.とお礼を言う。

Check!
私たちは英語が上達するように勉強し続けています。
We (have) (been) (studying) to improve our English.

New Words

① 報告，レポート　(report)
② they willの短縮形 (they'll)
③ 最初の部分 (beginning)
④ 終わり，結末 (ending)
⑤ トーナメント，選手権大会 (tournament)
⑥ コーナーキック (corner)(kick)

1 日本語に合う英語になるように，＿＿＿に正しい語を入れなさい。

□(1) 今日私は自分の学校での活動について話します。

Today ＿＿＿ ＿＿＿ ＿＿＿ ＿＿＿ you ＿＿＿ my school activities.

□(2) 私は生徒会の一員です。

＿＿＿ a ＿＿＿ ＿＿＿ the student council.

□(3) 私は以前より活動的になりました。

I ＿＿＿ ＿＿＿ more active than before.

□(4) 私はほかの生徒たちを支援し続けています。

I ＿＿＿ ＿＿＿ ＿＿＿ other students.

□(5) 私はこの学校をよりよくするために一生懸命努力するつもりです。

I ＿＿＿ try hard to ＿＿＿ this school better.

Navi

よく使われる表現を覚える

(1)「私は…について話します。」
→I'm going to tell you about ....

(2)「私は…の一員です。」
→I'm a member of ....

(4)「…を支援する」
→support

(5)「AをBにする」
→make ＋A＋B

2 あなたの部活動や委員会・係などの活動について，**1**にならって英語で書きなさい。

□(1) 何について報告するか，自分の所属している部など

＿＿＿＿＿＿＿＿＿＿＿＿＿＿＿＿＿＿＿＿

＿＿＿＿＿＿＿＿＿＿＿＿＿＿＿＿＿＿＿＿

□(2) したことや経験

＿＿＿＿＿＿＿＿＿＿＿＿＿＿＿＿＿＿＿＿

＿＿＿＿＿＿＿＿＿＿＿＿＿＿＿＿＿＿＿＿

□(3) これからのことやみんなへのメッセージ

＿＿＿＿＿＿＿＿＿＿＿＿＿＿＿＿＿＿＿＿

＿＿＿＿＿＿＿＿＿＿＿＿＿＿＿＿＿＿＿＿

□(4) 結びのことば

＿＿＿＿＿＿＿＿＿＿＿＿＿＿＿＿＿＿＿＿

Point

これからしてみたいことは，I want to ....の文で表してもよい。

解答 p.10

Let's Read 1

教科書 52 ▸ 54

A Mother's Lullaby

① 重要文　現在完了形の３つの意味

「have [has] ＋過去分詞」の３つの意味（復習）

Through the years, it has seen many things.
（何年もの間ずっと，それは多くのものを見てきています。）

have[has]＋過去分詞は，大きく分けると３つの意味を表す。

「ずっと…だ」（継続）

Through the years, it has seen many things.

※よく使われる語 ― for（…の間），since（…以来）

※How long ...?（どのくらいの間…か）の文でも用いられることが多い。

「…したことがある」（経験）

I have been to the city once.（私はその市に１回行ったことがあります。）

※よく使われる語 ― before（以前に），... times（…回）
ever（これまで），never（一度も…ない）

「…したところだ」「…してしまった」（完了）

Ann has just arrived here.（アンはたった今ここに着いたところです。）

※よく使われる語 ― just（たった今），already（すでに[もう]）
yet（もう[すでに]，まだ[今のところは]（…ない））

Check!

何年もの間ずっと，彼女はいろいろな本を書いてきました。

(Through) the years, she (has) (written) various books.

New Words

① 道路，道	(road)	② 腕	(arm)
③ 本当の，本物の	(real)	④ 泣く	(cry)
⑤ （しばらくの）間	(while)	⑥ 死んだ	(dead)
⑦ …を傷つける	(injure)	⑧ 静かに，落ち着いて	(quietly)
⑨ 弱い，かすかな	(weak)	⑩ しっかりと	(tightly)
⑪ 爆弾《ばくだん》	(bomb)	⑫ riseの過去形	(rose)

1 日本語に合う英語になるように，______に正しい語を入れなさい。

□(1) トムは夏の間中，その店で働きました。

Tom has worked at the shop ______ the summer.

□(2) しばらくして，その男の子は泣き止みました。

______ ______ ______, the boy stopped crying.

□(3) その女の子の声はだんだん弱くなっていきました。

The girl's voice became ______ ______ ______.

Point

(1)「…の間中」
→through
(3)「だんだん…」
→比較級 and 比較級

2 文章を読んで，あとの問いに答えなさい。

> A big, old tree stands by a road near the city of Hiroshima. Through the years, it has seen many things.
>
> One summer night, the tree heard a lullaby. A mother was singing to her little girl under the tree. They looked happy, and the song sounded sweet. But the tree remembered something sad.
>
> "Yes. It was some eighty years ago. I heard a lullaby that night, too."

□(1) 下線部の意味を，itが指す内容を具体的に示して日本語で書きなさい。

(　　　　　　　　　　　　　　　　　　　　　　　　　)

(2) 本文の内容について，質問に英語で答えなさい。

□① One summer night, the old tree heard a lullaby. How did it sound?

______

□② What did the tree remember when it heard the lullaby?

______

Point

(1)継続の現在完了の文。
(2)① sound
→「…に聞こえる[思える]」
② remember
→「(…を)思い出す[覚えている]」

教科書内容の確認

次の英文が教科書52～54ページの本文の内容と合うものには○を，合わないものには×をつけなさい。

□(1) The tree was sad because many people in Hiroshima were dead or injured. (　　)

□(2) After the little boy was dead, his mother kept singing for him. (　　)

解答 p.10

Let's Read 1

教科書 55

A Mother's Lullaby

② 重要文　原形不定詞を使った文

「help[let]＋目的語＋動詞の原形」の文(復習)

Let us now find the courage, together, to spread peace.
(今，平和を広めるための勇気をともに私たちに見つけさせてください。)

let＋目的語(人など)＋動詞の原形は，「(人など)に…させる」という意味を表す。

Let us now find the courage, together, to spread peace.

Let us know your father's name.
(私たちにあなたのお父さんの名前を知らせてください。)

※「…しましょう」と相手を誘う意味の〈Let's＋動詞の原形 ....〉とは区別する。

help＋目的語(人など)＋動詞の原形は，「(人など)が…するのを助ける」という意味を表す。

I helped the man buy his ticket.
＝I helped the man with buying his ticket.
(私はその男性が切符を買うのを手伝った。)

※〈help＋目的語(人など)＋動詞の原形〉の文は，〈help＋(人など)＋with＋動詞の-ing形〉に書きかえることができる。

Check!

その仕事について私たちに説明させてください。
(Let) (us) explain the job.

New Words

①	平和	(peace)	②	空	(sky)
③	戦争	(war)	④	…を終える	(close)
⑤	…の価値がある	(worth)	⑥	meanの過去形	(meant)
⑦	…を折る	(fold)	⑧	…を広げる	(extend)

1 日本語に合う英語になるように，＿＿＿に正しい語を入れなさい。

□(1) 子供たちは平和に日々を送るでしょう。

The children will ＿＿＿ ＿＿＿ their days in peace.

□(2) それはなんと貴重なことなのでしょうか！

＿＿＿ ＿＿＿ precious thing that is!

□(3) 平和は守るだけの価値があります。

Peace is ＿＿＿ ＿＿＿.

Point

(1)「(人生・生活)を送る」
→go through
(2)「なんと[なんて]」
→what
(3)「…するだけの価値がある」
→worth ...ing

2 文章を読んで，あとの問いに答えなさい。

On May 27, 2016, a man visited Hiroshima and gave a speech at the city's Peace Memorial Park. He began, "Seventy-one years ago, on a bright, cloudless morning, death fell from the sky and the world was changed."

The man's name is Barack Obama. He became the first sitting U.S. president to visit Hiroshima. <u>It meant a lot to the city</u>, to Japan, and to the world.

Before the speech, Obama visited the museum there. In its guest book, he left these words:

> We have known the agony of war. Let us now find the courage, together, to spread peace, and pursue a world without nuclear weapons.

□(1) 下線部の意味を，itが何を指しているか具体的に示して日本語で書きなさい。

(　　　　　　　　　　　　　　　　　　　　)

□(2) 本文の内容について，質問に英語で答えなさい。

What does Obama try to pursue?

＿＿＿＿＿＿＿＿＿＿＿＿＿＿＿＿＿＿

Point

(1) meant
→mean(意味する)の過去形
(2) pursue
→「…を追い求める」

教科書内容の確認

次の英文が教科書55ページの本文の内容と合うものには○を，合わないものには×をつけなさい。

□(1) Obama thinks the city of Hiroshima is the same as before. (　　)

□(2) Obama wants every child around the world to live in peace. (　　)

解答 p.10

Let's Listen ③

教科書 56

ラジオの災害情報

災害情報を聞き，どう行動すればよいかを理解しよう

災害情報では，重要な情報はくり返し放送されるので注意して聞く。

また，知らない単語が多く含まれる情報は，自分の知っている単語，前後の文脈，イラストなどをもとに考えながら聞く。

練習1 災害情報を聞き，３つの避難先についての情報を表にまとめなさい。

避難先	指定されている場所	どのようなときに行くか
□一時《いっとき》集合場所	校庭，（　　　），神社，寺院	地震で（　　　　）の危険がないとき，ここでようすを見る。
□避難場所	（　　　　　　）	地震で（　　　　）や（　　　　）が発生したとき。
□避難所	（　　　），公民館	（　　　　）が倒壊したとき，ここでしばらく過ごす。

練習2 災害情報を聞いて，______に適切な語句（１～３語）を書きなさい。

□ Good evening, everyone. This is Asahi City radio. Today, we would like to tell you about evacuation spots in our city. When there is an earthquake, we need to go to the ______ evacuation spot for our safety. We have ______ spots, "*Ittoki-shugo-basho*," "*Hinan-basho*," and "*Hinanjo*." They are different from each other. When we have a ______ earthquake, and there is no risk of ______, go to "*Ittoki-shugo-basho*." You can wait and see for a while there. "*Ittoki-shugo-basho*" is situated in schoolyards, ______, shrines and temples. If there is a ______, it is dangerous, so you have to go to "*Hinan-basho*." It is situated in ______. If your house is destroyed because of an earthquake, go to "*Hinanjo*." "*Hinanjo*" is situated in ______ and community centers. You can stay there for days. Please talk with your family about evacuation spots and evacuation routes around your house. Thank you for listening.

1 ラジオの緊急速報を聞いて，次の質問に答えなさい。

□(1) してはいけない行動を，**ア〜カ**からすべて選んで，記号で答えなさい。

ア

イ

ウ

エ

オ

カ

(　　　　　　　)

□(2) 緊急速報で，くり返し言っているのはどのようなことですか。それを説明した次の文を完成しなさい。

地震が起きているが，冷静でいること。そして(　　　　　　　　　　　　　　)こと。

2 ラジオの災害情報を聞いて，次の質問に答えなさい。

(1) 停電に関する正しい情報を，それぞれア，イ，ウの中から選び，記号で答えなさい。

①復旧予定日時	ア　未定	イ　今日	ウ　明日
②携帯電話の充電	ア　市役所と青葉駅で１人１時間できる イ　市役所と青葉駅で１人30分できる ウ　市役所とさくら駅で１人30分できる		
③信号機	ア　すべて復旧	イ　一部復旧	ウ　すべて動いていない

□①　(　　　　　)　　□②　(　　　　　)　　□③　(　　　　　)

□(2) ラジオ放送を聞いていなかった友だちに，停電にともなう電車の情報を英語で伝えるとき，どのように言いますか。英文を書きなさい。

解答 p.10〜11

Unit 4 Be Prepared and Work Together

Scene ①

Key Sentence 11　間接疑問文

「どこに…のか知っています」などという言い方

I know where the local shelter is.
(私は地域の避難所がどこにあるか知っています。)

「どこに…のか知っている」や「どこで…するのかわかる」と言うときは，疑問文のWhere …? をknowの目的語にする。このとき，語順は**疑問詞＋主語＋動詞**になる。

「どこに…ですか」　Where is the local shelter?

「どこに…のか知っている」　I know **where** (疑問詞) the local shelter (主語) is (動詞).

「どこに…のか知っていますか」　Do you know **where** (疑問詞) the local shelter (主語) is (動詞)?

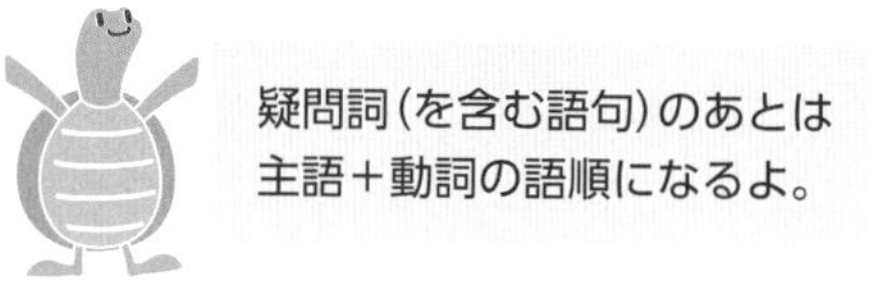

When …? やWhat(＋名詞)…?，How …? なども目的語にすることができる。

I don't know **when** (疑問詞) Taku (主語) can (助動詞) come (動詞). (私はタクがいつ来られるのか知りません。)

I know **what color** (疑問詞＋名詞) Eri (主語) likes (動詞(主語に合わせて-sがつく)). (私は，エリは何色が好きなのか知っています。)

Check!
私はその病院がどこにあるか知りません。
I don't know (where) the hospital (is).

New Words
① …を蓄える (store)　② 調査 (survey)
③ 避難所 (shelter)　④ 消火器 (extinguisher)

1 絵を見て，「私は…のか知っています」という文を作りなさい。

例 I know when the next game is.

(1)

where / is

(2)

what / should do

(3)

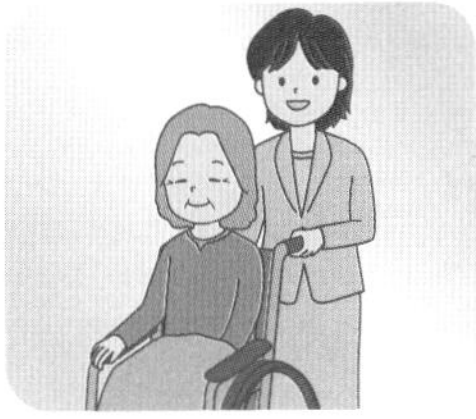

how / can help

□(1) I know ________ the fire extinguisher ________ .

□(2) I know ________ we ________ ________ in a disaster.

□(3) I ________ ________ I ________ ________ elderly people.

Navi
それぞれ次の意味の文を作る

(1)私はどこに消火器があるのか知っています。
(2)私は災害時に私たちが何をするべきなのか知っています。
(3)私はどうやってお年寄りを助けることができるのか知っています。

2 日本語に合う英語になるように，______に正しい語を入れなさい。

□(1) 私はどのくらい水を蓄えるべきか知っています。

I know ________ ________ water I should ________ .

□(2) ジェーンはどの番号に電話するべきなのか知っています。

Jane ________ ________ ________ she should call.

□(3) 私は両親が今どこにいるのか知っています。

I know ________ my parents ________ now.

Point
疑問詞のあとの動詞の形は，直前の主語や，その文の時制に合わせる。

3 日本語に合う英語になるように，語句を正しく並べかえなさい。

□ 私たちはそのかばんがいくらなのか知りません。

how / is / don't / the bag / much / know / we / .

____

Point
「…はいくらですか。」
→How much ...?

教科書内容の確認

次の英文が教科書59ページの本文の内容と合うものには○を，合わないものには×をつけなさい。

□(1) Less than 200 foreign people in Midori City know where the local shelter is. (　　)

□(2) More than half of the foreign people in Midori City know what number they should call in case of a fire. (　　)

Unit 4

解答 p.12

Unit 4 Be Prepared and Work Together

Scene ②

Key Sentence 12　動詞＋(人)＋whatなどで始まる節

「(人)に(whatなどで始まる節の内容)を…する」という言い方

Tell me **what** you have done.
(あなたが何をしたところかを教えてください。)

「～に何を…のか教える」や「～にどこで…するのか教える」のように言うときは，What ...? などの疑問文を目的語にする。このとき，語順は**疑問詞＋主語＋動詞**になる。

「何を…ですか」　What have you done?

「～に何を…のか教える」　Tell me（～に） what（疑問詞） you（主語） have done（動詞）.

When ...? やWhere ...?，How ...? なども目的語にすることができる。

It shows us（～に） when（疑問詞） we（主語） should（助動詞） go（動詞）.　(それは私たちに，いつ行くべきか示しています。)

He teaches Eri（～に） how（疑問詞） she（主語） uses（動詞） the device.　(彼はエリに，どのようにその装置を使うか教えます。)

疑問詞のあとはふつうの文の語順だよ。

間接疑問文とよくいっしょに使う語

tell	～に…を教える[話す]
show	～に…を見せる[示す]
teach	～に…を教える

Check!　メグが何を買ったところかを教えてください。
(Tell) me (what) Meg has bought.

New Words

① 緊急事態　(emergency)　② 道具[用具]一式　(kit)
③ リンク，接続　(link)　④ doの過去分詞　(done)

1 絵を見て，「私に…のか教えてください」という文を作りなさい。

例 Tell me when the next game is.

(1) 
where / live

(2) 
what / can do

(3) 
why / look sad

□(1) Tell me ______ you ______ .

□(2) ______ me ______ I can ______ for you.

□(3) Tell ______ ______ she ______ sad.

Navi
それぞれ次の意味の文を作る
(1)私にあなたがどこに住んでいるのか教えてください。
(2)私にあなたのために何ができるかを教えてください。
(3)私になぜ彼女が悲しそうに見えるのか教えてください。

2 日本語に合う英語になるように，______に正しい語を入れなさい。

□(1) それはあなたに何を用意するべきか示しています。
It ______ ______ ______ you should prepare.

□(2) リョウは私たちにだれがその行事に参加できるか話すでしょう。
Ryo will ______ us ______ ______ join the event.

□(3) 私にあなたの学校がいつ始まるのか話してください。
Please ______ ______ ______ your school starts.

Point
・「だれが」→who
・「いつ」→when

3 日本語に合う英語になるように，語句を正しく並べかえなさい。

□ 彼が何歳なのか私に教えてください。
is / me / he / tell / how old / .

____

Point
「…は何歳ですか。」
→How old ...?

教科書内容の確認

教科書60ページの本文の内容について，質問に英語で答えなさい。

□(1) Did Asami tell her family how she will contact with them during a disaster?
— ______ , she ______ .

□(2) Has Meg made her own emergency kit yet?
— ______ , she ______ .

解答 p.12

Unit 4 Be Prepared and Work Together

Read and Think ①

Key Sentence 13　現在分詞

「…している(名詞)」という言い方

We spoke to a police officer passing by.
(私たちは通り過ぎようとしている警察《けいさつ》官に話しかけました。)

「…している(名詞)」というように，名詞を後ろから修飾してくわしく説明するときは，**名詞＋…ing形＋語句**の形を使う。

「…している～」　We spoke to a police officer passing by.
名詞　…ing形＋語句
名詞を後ろから修飾

…ing形１語だけで名詞を修飾するときは，名詞の前に置く。

That sleeping cat is cute.　(あの眠っているネコはかわいいです。)
…ing形　名詞

「～するには…すぎる」や「あまりにも…なので～できない」と言うときは，**too … to** ～の形を使う。

We were too scared to get out.　(私たちはあまりにもこわくて外へ出られませんでした。)
形容詞・副詞　to＋動詞の原形

＝We were so scared that we couldn't get out.

too … to ～の文はso … that ～の文に書きかえられるときがあるよ。

Check!
私は通り過ぎようとしている子供たちを知っていました。
I knew the children (passing) (by).

New Words

① ついに，やっと (finally)
② ひどい (terrible)
③ 幸運にも (fortunately)
④ 最近の，最新の (latest)

1 絵を見て，「私は…している女の子(男の子)を知っています」という文を作りなさい。

例 I know the girl playing tennis.

(1)

read

(2)

play

(3)

look at

□(1) I know the ______ ______ a book there.

□(2) I know the ______ ______ the guitar there.

□(3) I know the ______ ______ ______ a picture there.

Navi

それぞれ次の意味の文を作る

(1)私はそこで本を読んでいる女の子を知っています。
(2)私はそこでギターをひいている男の子を知っています。
(3)私はそこで絵を見ている女の子を知っています。

2 英語の意味を日本語で書きなさい。

□(1) The boy talking with Eri is Ken.

( )

□(2) Look at that singing girl.

( )

□(3) I was too tired to study last night.

( )

Point

・名詞＋...ing形＋語句
→「…している(名詞)」
・...ing形＋名詞(...ing形１語だけで名詞を修飾する場合)
→「…している(名詞)」

Unit 4

3 日本語に合う英語になるように，語句を正しく並べかえなさい。

□(1) 試合を見ている人たちは興奮していました。

watching / excited / the people / were / the game / .

______

□(2) あなたはそのチームに入るには若すぎます。

the team / too / join / young / you / to / are / .

______

Point

「～するには…すぎる」
→too＋形容詞・副詞＋to＋動詞の原形

教科書内容の確認

教科書62ページの本文の内容について，質問に英語で答えなさい。

□(1) What did the police officer do for the man and his wife?

— He told them ______ the local shelter ______.

□(2) Who helped the woman and her friend at the station?

— A ______ ______ to some travelers in English did.

解答 p.12

Unit 4 Be Prepared and Work Together

Read and Think ②

Key Sentence 14　過去分詞

「…される[された]（名詞）」という言い方

They followed instructions **given** in English.
（彼らは英語で与えられる指示に従いました。）

「…される(名詞)」や「…された(名詞)」というように，名詞を後ろから修飾してくわしく説明するときは，**名詞＋過去分詞＋語句**の形を使う。

「…された～」　They followed instructions given in English.

名詞　過去分詞＋語句
名詞を後ろから修飾

過去分詞1語だけで名詞を修飾するときは，名詞の前に置く。

This word is used in spoken language.　（この単語は話し言葉で使われます。）

過去分詞　名詞

※spoken language＝「話される言葉」→「話し言葉」

過去分詞を含む表現	
written language	書き言葉
used car	中古車
used clothes	古着

過去分詞を使った語句は，
自然な日本語になるように訳そう。

Check!
日本語で与えられる指示に従ってください。
Please follow instructions (given) in Japanese.

New Words

① 単純な，簡単な	(simple)	② …にインタビューする	(interview)
③ 観光客	(visitor)	④ 訓練，ドリル	(drill)
⑤ 避難	(evacuation)	⑥ giveの過去分詞	(given)

1 絵を見て，「私は…された[される]～が好きです」という文を作りなさい。

例　I like the books given by my father.

(1)

cake / make

(2)

picture / take

(3)

colors / use

□(1)　I like the ＿＿＿＿ ＿＿＿＿ by Saki.

□(2)　I like the ＿＿＿＿ ＿＿＿＿ by Mr. King.

□(3)　I like the ＿＿＿＿ ＿＿＿＿ in this picture.

Navi

それぞれ次の意味の文を作る

(1)私はサキによって作られたケーキが好きです。
(2)私はキング先生によって撮られた写真が好きです。
(3)私はこの絵で使われている色が好きです。

2 英語の意味を日本語で書きなさい。

□(1)　That's the tower called Big Ben.

(　　　　　　　　　　　　　　　　　　　　)

□(2)　Tom has some books written in Japanese.

(　　　　　　　　　　　　　　　　　　　　)

□(3)　He bought a used car.

(　　　　　　　　　　　　　　　　　　　　)

Point

used car
→中古車

3 日本語に合う英語になるように，語句を正しく並べかえなさい。

□(1)　私は多くの子供たちによって読まれている本がほしいです。

many children / want / read / by / I / a book / .

＿＿＿＿＿＿＿＿＿＿＿＿＿＿＿＿＿＿＿＿＿＿＿＿

□(2)　彼女は日本製のかばんを持っています。

Japan / a bag / she / in / has / made / .

＿＿＿＿＿＿＿＿＿＿＿＿＿＿＿＿＿＿＿＿＿＿＿＿

Point

名詞＋made in＋国名
→「…で作られた[…製の]～」

教科書内容の確認

教科書64ページの本文の内容について，質問に英語で答えなさい。

□(1)　Is the number of the foreign people living in Japan growing?

―― ＿＿＿＿, it ＿＿＿＿.

□(2)　What does the map made by the students show to people?

―― It shows people ＿＿＿＿ they ＿＿＿＿ go in a disaster.

解答 p.13

Unit 4 総合問題

1 文法 (　　)内に入る正しい語を選んで書きなさい。

□(1) We know (what, when) he bought the bag. ______

□(2) Show me (how, who) I can write this kanji. ______

□(3) The girl (playing, played) the piano is Lisa. ______

□(4) I got the letter (writing, written) in English yesterday. ______

2 語句・表現 ______に入る語を，下から選んで書きなさい。ただし，同じ語は２回使わない。

□(1) We store some water in case ______ a disaster.

□(2) ______ the way back, there was a big earthquake.

□(3) She told us how to go ______.

□(4) The city handed ______ an evacuation map.

on	out	of	back

3 文法 日本語に合う英語になるように，______に正しい語を入れなさい。

□(1) あなたはどこで祭りが開かれるか知っていますか。
Do you know ______ the festival will ______ ______?

□(2) 彼女は私に何色を選ぶべきか教えてくれました。
She ______ me ______ ______ I should choose.

□(3) 日本を訪れる観光客の数は増えています。
The number of ______ ______ Japan is growing.

□(4) 彼らはやさしい日本語で与えられる指示に従いました。
They followed ______ ______ in easy Japanese.

ヒント

1(1)「彼」が買ったものは「かばん」であるとわかっている。　2(3)「帰る，戻る」＝go back
3(1)「開く」＝hold　(2)「何色」＝what color　(3)「訪れる」＝visit
(4)「指示」＝instruction(s)

4 文法　日本語に合う英語になるように，語句を正しく並べかえなさい。

□(1)　私はなぜリサがそう言ったのか理解できません。
said / understand / so / can't / Lisa / why / I / .

□(2)　彼は私たちにどのくらい長く練習しなくてはならないか教えました。
practice / long / he / must / how / we / us / taught / .

□(3)　私たちの方に向かって来ている男の子はだれですか。
the boy / who / us / coming / is / to / ?

□(4)　彼らによって作られた地図には単純な記号が使われています。
by / simple symbols / made / uses / the map / them / .

5 読解　文章を読んで，あとの問いに答えなさい。

Case 1（日本在住のバングラデシュ人男性）

When the earthquake began, I didn't know what was happening. After the terrible shaking, I ran out of the house with my wife. We didn't know where to go, so we drove to a supermarket parking lot. We stayed in our car for five hours. We were too scared to get out.

Finally, we spoke to a police officer passing by. He guided us to the local shelter. <u>I didn't know about it until then.</u>

□(1)　下線部の意味を，it が何を指しているか具体的に示して日本語で書きなさい。
(　　　　　　　　　　　　　　　　　　　　　　　　　　)

□(2)　本文の内容と合うように，______に正しい語を入れなさい。
After the earthquake, the man and his wife didn't know ______ they should go. First, they went to a supermarket parking lot by ______. They were very ______, so they stayed in the car for five hours.

ヒント
4(1)「そう」＝so　(2)「どのくらい長く」＝how long　(3)「…に向かってくる」＝come to …
5(1)　直前の1文の内容に着目。　(2)　too … to ～＝「あまりにも…なので～できない」

解答 p.13

町中での手助け —申し出る—

重要文　手助けを申し出る文

Can I help you?
（お手伝いしましょうか。）

Would you like me to carry your umbrella or something**?**
（あなたの傘や何かをお持ちしましょうか。）

困っている様子の人に手助けを申し出るときには，Excuse me. などと声をかけてから，**Can I help you?** と言う。

Excuse me.　Can I help you?
└「…しましょうか」

「私に…してほしいですか」と，具体的な提案をしながら申し出るときは，**Would you like me to ...?** の文を使う。

Would you like me to　carry your umbrella or something?
動詞の原形

ほかにも，「(私が)…しましょうか」と提案するときには，**Shall I ...?** の文を使う。

Shall I　take you there?　（そこにあなたを連れていきましょうか。）

申し出を受けるときはYes, please.　断るときは，No, thank you. などと言う。

Yes, please.　（はい，お願いします。）
No, thank you.　I'm fine.　（いいえ。だいじょうぶです。）
That's very kind of you.　（どうもご親切にありがとうございます。）

Check!

あなたのかばんを運びましょうか。
(　Shall　) (　I　) carry your bag?
地図をお見せしましょうか。
(　Would　) (　you　) (　like　) (　me　) (　to　) show you a map?

New Words

① どうもご親切にありがとうございます。(That's) (very) (kind) (　of　) (you).
② …に～してほしい　(would) (like) … (　to　) ～

1 絵を見て，「私に…してほしいですか」という文を作りなさい。

例 Would you like me to carry your bag?

(1)

(2)

Navi

それぞれ次の意味の文を作る

(1)私にあなたの写真を撮ってほしいですか。
(2)私にホテルまでの道順を教えてほしいですか。

□(1) ______ you ______ ______ to ______ your pictures?

□(2) ______ ______ ______ me ______ you the way to the hotel?

2 次の対話文が成り立つように，______に正しい語句を入れなさい。

□(1) *A*: Are you lost? ① ______ ______ help you?
B: Yes, ② ______.

□(2) *A*: ① ______ me. Do you need some help?
B: Thank you. I want to buy a ticket.
A: I see. ② ______ ______ help you buy one?
B: Oh, that's very ③ ______ ______ you.

□(3) *A*: Could you tell me where I can take a bus?
B: Sure. The bus stop is in front of the station.
① ______ you ______ ______ to take you there?
A: ② ______, thank you. I'm fine.

Point

・「お手伝いしましょうか」
→Can I help you?
・「…しましょうか」
→Shall I＋動詞の原形 …?
・「私に…してほしいですか」
→Would you like me to＋動詞の原形 …?

解答 p.13

教科書 70

Let's Listen ④ テレビの国際ニュース

ニュースなどのテレビ番組の音声を聞いて，概要や要点を理解しよう

ニュースを聞いて，だれが，何を，どこでしたのか要点をつかむためには，人名や国名などをしっかり聞きとる必要がある。また，国名は日本語で知っているものとは発音が異なる場合が多いことにも注意する。

練習1 ニュースを聞き，その内容に合うように，(　　)に適する日本語か数字を書きなさい。

日時	□① (　　　　) 月 (　　　　) 日の午後6時15分から約 (　　　　) 分間
会談内容	□②「(　　　　　　　　　　　　　　　　)」について
お互いへの贈り物	□③安《あ》倍《べ》総理からは (　　　　　　　　) とロザリオ □④ローマ教皇フランシスコ台《だい》下《か》からはメダルと (　　　　　　　　)

練習2 英文を聞いて，______に適切な語句(1～4語)を書きなさい。

□ On ____________, at 6:15 p.m. for around ____________ minutes, Prime Minister Abe met with His Holiness Pope Francis during his visit to Japan. It was a short meeting, but they talked about a "________________________." Prime Minister Abe presented His Holiness Pope Francis with a digital ____________ and a rosary. His Holiness Pope Francis gave Prime Minister Abe medals and ____________.

❶ ニュースを聞いて，次の質問に答えなさい。

(1) ニュースの内容に合うように，(　　)に適する日本語か数字を書きなさい。

□①	オルバーン首相が，首相として(　　　　)を訪れたのは(　　　　)度め。
□②	滞在期間は2019年(　　　　)月(　　　　)日から(　　　　)日まで。
□③	2019年で，(　　　　)とハンガリーに外交関係が開設されて(　　　　)周年。

(2) ハンガリーについてまとめた下の表の，(　　)に適する日本語か数字を書きなさい。

□①地理	ヨーロッパの(　　　　　)にあり，(　　　　　)か国に囲まれている。
□②スポーツ	オリンピック競技では(　　　　　　　　)，(　　　　　　　　)，カヌーで多くのメダルを獲得している。

❷ ニュースを聞いて，次の質問に答えなさい。

(1) 下の表は，7月1日の日本の安《あ》倍《べ》首相のスケジュール表です。①，②に入る数字を書き，③～⑦に入るものを，ア～オから選んで，記号で答えなさい。

面会時間	面会相手	話した内容
□①午前11時55分から約(　　　)分間	□③(　　　)	□⑤(　　　)，□⑥(　　　)
□②午後6時40分から約(　　　)分間	□④(　　　)	□⑦(　　　)

ア　トルコのエルドアン大統領

イ　ベトナムのフック首相

ウ　よりよい人材育成のための協力。

エ　科学技術大学設立の実現に向けての協力。

オ　日本の企業との協力強化。

解答 p.14

Unit 5 A Legacy for Peace

Scene ①

Key Sentence 15　名詞を修飾する文

「…が～する(名詞)」という言い方

This is **a picture I found** on the internet.
(これは私がインターネットで見つけた写真です。)

「…が～する(名詞)」のように，文を使って名詞を修飾するときは**名詞＋主語＋動詞**の形を使う。

「私はインターネットで写真を見つけた」　I found a picture on the internet.
(I found：主語＋動詞　a picture：目的語)

「インターネットで見つけた写真」This is a picture I found on the internet.
(a picture：名詞　I found on the internet：主語＋動詞＋語句)
どんな「写真」かくわしく説明

pictureという名詞をI found .... という〈主語＋動詞＋語句〉が後ろから修飾している。

また，文の形をした部分で修飾できるのは，名詞が，続く部分の目的語にあたるときのみ。

He's a person people respect greatly.（彼は人々が非常に尊敬する人です。）
(a person：respectの目的語)

Check!
これは私が公園で見つけた帽子です。
This is (a) (cap [hat]) (I) (found) in the park.

New Words
① 人，個人 (person)　② …を尊敬する[尊重する] (respect)
③ 国際的な (international)　④ 生まれる be (born)

❶ 絵を見て，「これは昨日サキが～した…です」という文を作りなさい。

例 This is a picture Saki took yesterday.

(1)

(2)

(3)

□(1) This is a _______ Saki _______ yesterday.
□(2) This is a report _______ _______ _______.
□(3) This is an _______ Saki _______ _______.

Navi
それぞれ次の意味の文を作る
(1)これは昨日サキが読んだ本です。
(2)これは昨日サキが書いたレポートです。
(3)これは昨日サキが買った傘です。

❷ 英語の意味を日本語で書きなさい。

□(1) I love the curry my mother makes.
私は（　　　　　　　　　　　　　　　　　　　　　）。
□(2) Is this the book you are looking for?
これが（　　　　　　　　　　　　　　　　　　　　）。
□(3) The camera my father gave me is very good.
（　　　　　　　　　　　　　　　　）はとてもよいです。

Point
それぞれ
the curry,
the book,
the cameraを，
後ろの主語＋動詞＋語句が修飾している。

❸ 日本語に合う英語になるように，語句を正しく並べかえなさい。

□(1) あなたが会いたいと思っている人はだれですか。
want / is / see / to / who / the person / you / ?

____

□(2) あれは私たちが世話をしているイヌです。
take / the dog / of / we / that's / care / .

____

Point
修飾される名詞が何かを探す
・「あなたが会いたいと思っている人」
・「私たちが世話をしているイヌ」

Unit 5

教 科書内容の確認

教科書73ページの本文の内容について，質問に英語や数字で答えなさい。

□(1) What can we see on all Indian rupee notes?
—— The _______ of Mahatma Gandhi.
□(2) When is the International Day of Non-Violence?
—— It's _______ _______.

解答 p.15

Unit 5　A Legacy for Peace

Scene ②

Key Sentence 16　関係代名詞who

「～してきた(人)」などという言い方

Gandhi is a man who has influenced a lot of people.
(ガンディーは多くの人々に影響を与えた人です。)

「多くの人々に影響を与えてきた」のような，文の形をした部分が「人」を修飾するときは，**who**を使い，**名詞(人)＋who＋動詞**の形にする。

「…は男性だ」　Gandhi is a man.

「…は人々に影響を与えてきた男性だ」　Gandhi is a man who has influenced people.

人　「人々に影響を与えてきた」
どんな「男性」かくわしく説明

このwhoは主格の関係代名詞といい，名詞(人)を指し，あとに続く動詞の主語にあたる。

a man＝who
Gandhi is a man who has influenced people.
人　who(主語)＋動詞

関係代名詞は日本語には訳さないよ。

Check!
サリーは私たちを手伝っている女の子です。
Sally is a (girl) (who) has helped us.

New Words

①	たたかう	(fight)	②	抗議する	(protest)
③	困難な，難しい	(tough)	④	独立	(independence)

❶ 絵を見て，「こちらは～する[である]…です」という文を作りなさい。

例 This is a man who can speak Japanese.

(1)

man / teach

(2)

teacher / is

(3)

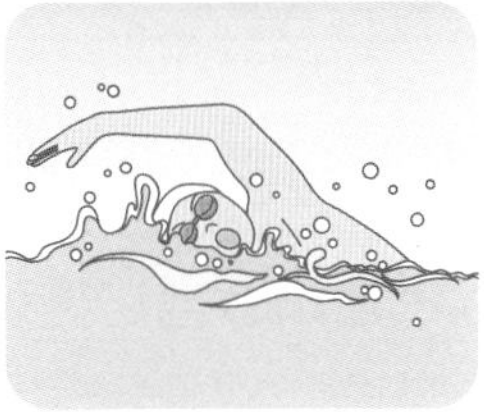

athlete / swim

□(1) This is a ______ who ______ English.

□(2) This is a ______ ______ is from Canada.

□(3) This is an ______ ______ can ______ fast.

Navi それぞれ次の意味の文を作る

(1)こちらは英語を教える男性です。
(2)こちらはカナダ出身の先生です。
(3)こちらは速く泳ぐことができるアスリートです。

❷ 英語の意味を日本語で書きなさい。

□(1) He is respected by people who fight for human rights.

彼は(　　　　　　　　　　　　　　　　　　　　)。

□(2) I need the students who can use a computer.

私は(　　　　　　　　　　　　　　　　　　　　)。

Point それぞれ people, the studentsを，who以下の部分が修飾している。

❸ 日本語に合う英語になるように，語句を正しく並べかえなさい。

□(1) タクは料理の好きな男の子です。

likes / is / cooking / who / the boy / Taku / .

____

□(2) 私たちはそのケーキを作った女の子を知っています。

know / the cake / we / who / the girl / made / .

____

Point 修飾される「人」がどんな人かを考える

・「料理の好きな男の子」
・「そのケーキを作った女の子」

教 科書内容の確認

教科書74ページの本文の内容について，質問に英語や数字で答えなさい。

□(1) Why is Gandhi respected by people who fight for human rights?

── Because he ______ ______ ______ .

□(2) Did Gandhi go on fasts to protest?

── ______ , he ______ .

解答 p.15

Unit 5 A Legacy for Peace
Read and Think ①

Key Sentence 17 関係代名詞that [which]（主格）

「…する(もの)」などという言い方

This is a movie **that [which]** makes people happy.
（これは人々を幸せにする映画です。）

「人々を幸せにする」のような, 文の形をした部分が「もの」や「動物」を修飾するときは, **that**か**which**を使い, **名詞(もの・動物)＋that [which]＋動詞**の形にする。

「これは…する映画だ」　This is a movie that makes people happy.
もの　「人々を幸せにする」
どんな「映画」かくわしく説明

このthat [which]は主格の関係代名詞といい, 名詞(もの・動物)を指し, あとに続く動詞の主語にあたる。

a movie＝that
This is a movie that makes people happy.
もの　that(主語)＋動詞

関係代名詞のthatは,
「人」を説明するときにも使えるよ。

Check! これは人々をわくわくさせる活動です。
This is an (activity) (that[which]) makes people excited.

New Words

① 怒《おこ》った	(angry)	② …を導く	(lead)
③ 自由に	(freely)	④ …を受け入れる	(accept)
⑤ 不公平な	(unfair)	⑥ (社会的な)運動	(movement)

❶ 絵を見て，「これは～する[である]…です」という文を作りなさい。

例 This is a story that [which] makes us happy.

(1)

make

(2)

go to

(3)

have

□(1) This is a game ________ ________ Riku excited.

□(2) This is a bus ________ ________ ________ the City Hall.

□(3) This is a ________ ________ ________ long hair.

Navi

それぞれ次の意味の文を作る

(1)これはリクをわくわくさせる試合です。
(2)これは市役所行きのバスです。
(3)これは毛の長い犬です。

❷ 英語の意味を日本語で書きなさい。

□(1) There were hotels that did not accept Indian guests.
(　　　　　　　　　　　　　　　　　　)がありました。

□(2) He is reading a book which looks difficult.
彼は(　　　　　　　　　　　　　　　　　　　　)。

Point

それぞれhotels，a bookを，that [which]以下の部分が修飾している。

❸ 日本語に合う英語になるように，語句を正しく並べかえなさい。

□ 私は日本製の車がほしいです。
Japan / made / a car / is / in / want / I / which / .

____

Point

修飾される「もの」がどんなものかを考える

「日本製の車」
→「日本で作られる車」

教科書内容の確認

教科書76ページの本文の内容について，質問に英語で答えなさい。

□(1) What did Gandhi decide to do to protect the rights of Indian people?
— To ________ ________ ________.

□(2) When Gandhi protested, what happened to him?
— He ________ ________ and sent to the jail.

解答 p.15

Unit 5 A Legacy for Peace

Read and Think ②

Key Sentence 18　関係代名詞that［which］（目的格）

「…が～する(人・もの)」などという言い方

This is a picture **that [which]** I found on the internet.
（これは私がインターネットで見つけた写真です。）

「私がインターネットで見つけた写真」は，名詞のあとに主語＋動詞＋語句を続け，a picture I found on the internetと言う。（⇒Key Sentence 15）
また，名詞のあとに，**that**か**which**を入れて言うこともできる。

「私がインターネットで見つけた写真」

This is a picture that I found on the internet.
名詞　that［which］＋主語＋動詞＋語句
どんな「写真」かくわしく説明

このthat［which］は目的格の関係代名詞といい，名詞が「人」のときはthat，「もの・動物」のときは，thatかwhichを使う。

a picture＝that
This is a picture that I found on the internet.
foundの目的語

主格の関係代名詞のあとは動詞，
目的格の関係代名詞のあとは主語
＋動詞が続くよ。

Check!　これはメグが私におくったEメールです。
This is an (e-mail) (that [which]) Meg sent to me.

New Words

① …に到着《とうちゃく》する　(reach)　② ほとんど　(almost)
③ ニュース　(news)　④ 指導者　(leader)
⑤ 高価な　(expensive)　⑥ 支持者　(follower)

❶ 絵を見て，「これ[こちら]は私が～する[した]…です」という文を作りなさい。

例 This is the book that [which] I love.

(1) 
see

(2) 
use

(3) 
find

□(1) This is the boy ＿＿＿＿ I ＿＿＿＿ at the library yesterday.

□(2) This is the bag ＿＿＿＿ ＿＿＿＿ ＿＿＿＿ every day.

□(3) This is the ＿＿＿＿ ＿＿＿＿ I ＿＿＿＿ in the park yesterday.

Navi
それぞれ次の意味の文を作る

(1)こちらは昨日私が図書館で会った男の子です。
(2)これは私が毎日使うカバンです。
(3)これは昨日私が公園で見つけたネコです。

❷ 英語の意味を日本語で書きなさい。

□(1) There was a law that the British made for salt.
(　　　　　　　　　　　　　　　　)がありました。

□(2) It is the legacy that Gandhi left.
それは(　　　　　　　　　　　　　　　　)。

Point
それぞれ a law，the legacyを，that以下の部分が修飾している。

❸ 日本語に合う英語になるように，語句を正しく並べかえなさい。

□ 彼は私が道を教えた男性です。
the way / the man / is / I / told / that / he / .

＿＿＿＿＿＿＿＿＿＿＿＿＿＿＿＿＿＿＿＿

Point
修飾される「人」がどんな人かを考える

「私が道を教えた男性」

教科書内容の確認

教科書77ページの本文の内容について，質問に英語や数字で答えなさい。

□(1) Why was salt expensive to Indians?
── Because it was put a ＿＿＿＿ ＿＿＿＿ on.

□(2) How far did Gandhi walk to the sea to make salt?
── ＿＿＿＿ ＿＿＿＿ ＿＿＿＿.

解答 p.16

Unit 5 総合問題

教科書 73 ▸ 79

1 文法 (　　)内に入る正しい語を選んで書きなさい。

□(1) Is Max a student (which, who) is from America? ______

□(2) He has a dog (which, who) can help people. ______

□(3) He's a person (that, which) many people respect. ______

□(4) Tell me the books (this, that) students should read. ______

2 語句・表現 ______に入る語を，下から選んで書きなさい。ただし，同じ語は２回使わない。

□(1) Gandhi went ______ fasts to protest.

□(2) South Africa was under British rule ______ that time.

□(3) Indians in South Africa stood ______ against the law.

□(4) Thousands ______ people joined Gandhi on the way.

of	at	on	up

3 文法 日本語に合う英語になるように，______に正しい語を入れなさい。

□(1) 私は，あなたがこの前の日曜日に教えてくれた店を訪れるでしょう。
I'll visit the shop ______ ______ me last Sunday.

□(2) 彼は人権を求めてたたかう人々に尊敬されています。
He's respected by ______ ______ fight for human rights.

□(3) インド人の客を受け入れないホテルがありました。
There were ______ ______ did not accept Indian guests.

□(4) 非暴力の抗議運動はガンディーの残した遺産です。
Non-violent protest is the ______ ______ Gandhi left.

ヒント

1　修飾する名詞が，人かもの[動物]かで判断する。　2(4)　thousands と複数形にする。
3(1)　関係代名詞を使わずに，文が名詞を後ろから修飾している。

4 文法　日本語に合う英語になるように，語句を正しく並べかえなさい。

□(1) あなたが昨日買ったかばんを私に見せてください。

the bag / yesterday / show / bought / me / you / .

____

□(2) 彼らは留学したことのある生徒です。

are / who / studied abroad / the students / have / they / .

____

□(3) 彼はリンゴでいっぱいの箱を運びました。

which / carried / full of / the box / was / apples / he / .

____

□(4) 私が持っているペンはこれで全部です。

are / these / I / the pens / have / all / .

____

5 読解　文章を読んで，あとの問いに答えなさい。

> Gandhi returned to India in 1915. India was also a British colony. In those days, there was a law that the British made for salt. According to the law, only the British could produce or sell salt. They put a heavy tax on it. The Indians were very poor, but they had to buy expensive salt. The money went to the British. Gandhi thought it was unfair.

Unit 5

□(1) 下線部の意味を，the law が何を指しているか具体的に示して日本語で書きなさい。

(　　　　　　　　　　　　　　　　　　　　　　　　　　　　　　)

(2) 本文の内容と合うように，______に正しい語を入れなさい。

The British put a heavy tax on □① ______. That made salt □② ______, but the Indians had to buy it even if they were very poor. The money didn't come to the Indians. Gandhi thought the law for salt was □③ ______ to Indian people.

ヒント

4(3)「…でいっぱいの」＝be full of …　(4)「すべての…」＝all the …

5(1) 直前の１文の内容に着目する。　(2)② 主語のthatは直前の１文の内容を指す。

解答 p.16

Let's Write ③ グラフや表の活用 —レポート—

重要文　資料から読み取った情報について書く

Here is a graph that shows the population growth in India and China.
According to the graph, ...

ここにインドと中国《ちゅうごく》の人口増加を示すグラフがあります。
そのグラフによると，…。

資料から読み取った情報について書くときは，「資料の紹介」「説明」「感想や意見」の順で書く。

最初に，資料の紹介をする。資料にグラフがあるときは，**Here is a graph that shows ....** などの文で何についてのグラフか説明する。

Here is a graph that shows （ここに…を示すグラフがあります） the population growth in India and China. （「インドと中国の人口増加」）

This graph shows us （このグラフは私たちに…を示します） what junior high school students want to be. （「中学生が何になりたいか」）

※「図」＝figure,「表」＝chart

次に，資料についての説明をする。グラフなどからわかる事実を述べるときは，**According to the graph** で文を始める。

According to the graph （そのグラフによると）, the population of India will be larger than that of China. （事実⇒インドの人口は中国のものよりも多くなるでしょう）

You can see that （…ことがわかります） an entertainer is popular job （事実⇒芸能人が人気のある職業です） from the chart below （下の表から）.

最後に，自分の感想や意見を述べる。自分の意見を言うときは
I think (that) .... または，**I do not think (that) ....** の文を使う。

Check!
ここに重要な事実を示す記事があります。
(Here) (is) the article (that) (shows) the important fact.

New Words

① 増加	(growth)	② 力強い，有力な	(powerful)
③ 人口の多い	(populous)	④ 10億	(billion)

❶ 日本語に合う英語になるように，______に正しい語を入れなさい。

□(1) ここに生徒に人気のある外国を示すグラフが２つあります。

______ ______ two graphs ______ show the popular foreign countries among students.

□(2) その表によると，すべての中でアメリカが最も人気があります。

______ ______ the chart, America is the most popular of all.

□(3) 下の表から，13％の生徒が医師になりたいことがわかります。

______ can ______ that 13% of the students want to be a doctor from the chart ______.

Point

(1)「ここに…があります。」
→Here is [are] ....

(2)「…によると」
→according to ...

(3)「下記の」
→below

❷「外国人観光客が日本でしたいことランキング」という表から読み取れることについてレポートを書きなさい。

□

____

____

____

____

____

____

____

____

____

____

Point

・「活動」
→activity

・「日本料理」
→Japanese food

・「買い物」
→shopping

・「自然」
→nature

・「温泉地に行く」
→go to the hot springs

・「歴史」
→history

外国人観光客が日本でしたいことランキング

中国人観光客

1位	日本料理を食べる	70%
2位	買い物をする	65%
3位	自然を楽しむ	55%
4位	町を歩く	45%
5位	温泉地に行く	40%

アメリカ人観光客

1位	日本料理を食べる	80%
2位	自然を楽しむ	55%
3位	歴史や文化を学ぶ	45%
4位	町を歩く	40%
5位	買い物をする	37%

※複式回答形式

解答 p.16～17

Grammar for Communication ③

教科書 82 ▸ 83

後置修飾 —— 情報を加えて説明しよう

名詞のあとに語句や文を置いて，その名詞をくわしく説明する。

形を覚えよう

名詞 ／ 後ろから修飾する語句

前置詞＋語句
This is a picture of our team .
（of our team：私たちのチームの）

不定詞
I have many things to do .
（to do：するべき）

現在分詞
Who is the boy standing by the door ?
（standing by the door：ドアのそばに立っている）

過去分詞
I have some books written by Soseki .
（written by Soseki：漱石によって書かれた）

★現在分詞や過去分詞が１語だけで名詞を修飾するときは，その名詞の前にくる。

名詞 ／ 関係代名詞 ／ 後ろから修飾する語句

接触《せっしょく》節
目的格
that [which]

This is a picture (that [which]) Ken took .
（a picture：もの　Ken took：ケンが撮った）

This is the man (that) we saw yesterday .
（the man：人　we saw yesterday：私たちが昨日会った）

★関係代名詞を用いず,〈主語＋動詞〉を含む文が後ろから名詞を修飾するとき,これを「接触節」という。

主格
who [that]

This is the girl who [that] speaks English .
（the girl：人　speaks English：英語を話す）

★whoは「人」を説明するときに使う。

主格
that [which]

This is the bus that [which] goes to Aoba Park .
（the bus：もの　goes to Aoba Park：青葉公園に行く）

★thatは「人」と「もの」の両方を説明するときに使える。

❶ (　　)に入る正しい語句を選んで書きなさい。

□(1) Do you want something (eat, to eat) ? ＿＿＿＿

□(2) The house (building, built) near the river is large. ＿＿＿＿

□(3) I knew the boy (answering, answered) the question. ＿＿＿＿

□(4) The cat (who, which) is sleeping under the desk is Momo. ＿＿＿＿

2 日本語に合う英語になるように，＿＿＿に正しい語を入れなさい。

□(1) だれかこの装置を使える人はいますか。

Is there anyone ＿＿＿＿＿ ＿＿＿＿＿ use this device?

□(2) ケンは自分が昨日書いたレポートをチェックしています。

Ken is checking the ＿＿＿＿＿ ＿＿＿＿＿ he wrote yesterday.

□(3) 黒川さんによって設計された美術館は美しい。

The museum ＿＿＿＿＿ ＿＿＿＿＿ Mr. Kurokawa is beautiful.

□(4) その赤い車を運転している女性は私の母です。

The ＿＿＿＿＿ ＿＿＿＿＿ the red car is my mother.

3 各組の文がほぼ同じ内容になるように，＿＿＿に正しい語を入れなさい。

□(1) I have some friends. I really like them.

→I have some friends ＿＿＿＿＿ ＿＿＿＿＿ really like.

□(2) This is the dog supporting my grandmother.

→This is the dog ＿＿＿＿＿ ＿＿＿＿＿ ＿＿＿＿＿ my grandmother.

□(3) We met a woman known as a famous athlete.

→We met a woman ＿＿＿＿＿ ＿＿＿＿＿ ＿＿＿＿＿ as a famous athlete.

4 日本語に合う英語になるように，語句を正しく並べかえなさい。

□(1) 立山は私が今まで登った最も高い山です。

mountain / is / climbed / the highest / I've / Tateyama / ever / .

＿＿＿＿＿＿＿＿＿＿＿＿＿＿＿＿＿＿＿＿＿＿＿＿＿＿＿＿＿＿

□(2) タクはお年寄りを助ける看護師です。

a nurse / helps / Taku / people / who / elderly / is / .

＿＿＿＿＿＿＿＿＿＿＿＿＿＿＿＿＿＿＿＿＿＿＿＿＿＿＿＿＿＿

□(3) 私はブラジルで話されている言語を知りません。

don't / the language / Brazil / know / in / spoken / I / .

＿＿＿＿＿＿＿＿＿＿＿＿＿＿＿＿＿＿＿＿＿＿＿＿＿＿＿＿＿＿

解答 p.17

Stage Activity ②

教科書 84 ▸ 87

Discover Japan

重要文　日本や郷土の文化を紹介する

A *furoshiki* is a piece of cloth that **is used to** wrap and carry things.
(ふろしきはものを包んだり運んだりするために使われる一枚の布です。)

It's a kind of wrestling.
(それはレスリングの一種です。)

I want more people **to** use *furoshiki*.
(私はより多くの人々にふろしきを使ってもらいたいです。)

日本や郷土の文化を紹介する文章では,「名称・定義」「詳しい説明」「自分の考えやおすすめポイント」の順で書くとよい。

最初に,紹介するものの名前と,それがどのようなものかを言う。
関係代名詞などを使って名詞に説明を加える。

A *furoshiki* is a piece of cloth that is used to wrap and carry things.
関係代名詞
clothについて詳しく説明

Kawaii is a word that means “cute” or “pretty” in Japanese.
(カワイイは日本語で「かわいい」や「きれいな」という意味の言葉です。)

次に,どのような種類のものかなど,相手に伝わる言葉を使って詳しく説明する。

It's a kind of wrestling.
The word is used for various things. (その言葉はさまざまなものに使われます。)

最後に,自分の考えや,相手にしてもらいことなどを述べる。

I want more people **to** use *furoshiki*.

Check!
これは2011年に生まれたアニメの登場人物です。
This is an animated character (that[which]) (was) (born) (in) 2011.

New Words

① 布,服地	(cloth)	② かわいい,きれいな	(pretty)
③ 登場人物	(character)	④ そのかわりに	(instead)
⑤ ふるまい	(behavior)	⑥ …を発見する	(discover)

❶ 英語の説明文の意味を，日本語で書きなさい。

□

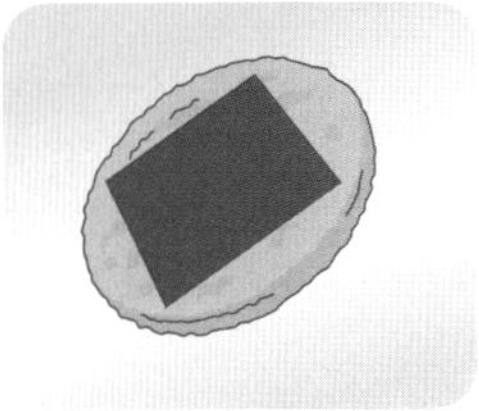

A *sembei* is a kind of rice cracker.
It is a little salty.
I want foreign tourists to try it.
＊cracker：クラッカー　salty：塩味がする

煎餅《せんべい》は（　　　　　　　　　　　　　　　　　　　　）。
それは（　　　　　　　　　　　　　　　　　　　　）。
私は（　　　　　　　　　　　　　　　　　　　　）。

Point
- a kind of ...
  →「…の一種」
- a little
  →「少し」
- want＋(人)＋to＋動詞の原形
  →「(人)に…してほしい」

❷ 絵に描かれているものを説明する文を作りなさい。

□

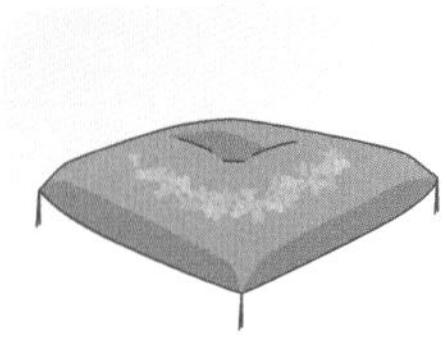

A *zabuton* is a ＿＿＿＿＿ of cushion. It is ＿＿＿＿＿ when you sit on tatami mats.
＊cushion：クッション　tatami mats：畳《たたみ》

Navi
それぞれ次の意味の文を作る

ざぶとんはクッションの一種です。それはあなたが畳にすわるときに使われます。

❸ 絵に描かれているものを説明する文を，下の語を参考にして書きなさい。

□

注）着付けをする：put on　　着る：wear

Point
①，②の文を参考にすると，次のような文が考えられる。
- 着物の一種である。
- 着付けをするのが着物よりも簡単だ。
- 夏に祭りがあるときに着る。
- 外国人観光客に着ることを楽しんでほしい。

解答 p.17

Let's Listen ⑤

教科書 88

世界で働く人へのインタビュー

人物の経歴を聞いて，概要を理解しよう

インタビューの内容を理解するときは，質問するときに使われている疑問詞に注意して聞き取る。

練習１ インタビューを聞いて，次の質問に答えなさい。

(1) インタビューの前半を聞いて，年表を完成しなさい。

When	Where	What
□①In ____	Japan	□⑤started to work as a ____
□②In ____		decided to try to work in other countries
□③From ____ to ____	□④ ____	□⑥worked at a school for ____ ____

(2) インタビューの後半を聞いて，次の質問に日本語で答えなさい。

□① 外国で困ったことがあっても，乗り切れたのはなぜですか。

( )

□② 林《はやし》さんの次の夢は何ですか。

( )

練習２ インタビューの一部分を聞いて，____に適切な語句（１～２語）を書きなさい。

□ I had some problems, but many people ____ a lot. So it was fun to live in different cultures. Now I teach Japanese in Japan, and those experiences help me a lot. My next dream is ____ Japanese to ____ people living in ____ .

❶ インタビューを聞いて，次の質問に答えなさい。

(1) 話された順に(　　　)に番号を書きなさい。

□(　　　)　ア　水口《みずぐち》さんの職歴

□(　　　)　イ　ゲームクリエーターになりたい人への言葉

□(　　　)　ウ　水口さんの大学時代

(2) 次の年表を完成しなさい。

When	What
□①In ____	□④started to work for a ____ ____
□②In ____	created a very popular game
□③In ____	□⑤established his own ____

□(3) 水口さんがゲームクリエーターを目指す人にしたアドバイスを書きなさい。

(　　　　　　　　　　　　　　　　　　　　　　　　　　　　)

❷ インタビューを聞いて，次の質問に答えなさい。

(1) 話された順に(　　　)に番号を書きなさい。

□(　　　)　ア　海外にもリユースを広げる意義

□(　　　)　イ　海外にリユースショップを開こうと思ったきっかけ

□(　　　)　ウ　リユースショップを開いた理由

□(　　　)　エ　タイで人気のある商品

(2) 次の年表を完成しなさい。

When	What
□①In ____	started a recycling shop
□②In ____	□③learned that old Japanese ____ and ____ are very popular in the Philippines

(3) 湊《みなと》さんの考えを説明した文を完成しなさい。

□①　(　　　　　　)を捨てることは，自分たちの(　　　　　　)を捨てることだ。

□②　世界中の人々がリユースをしようと努力したら，(　　　　　　)ことができる。

解答 p.17

Unit 6 Beyond Borders

Scene ①

Key Sentence 19 仮定法(I wish ...)

「…であればよいのに」という言い方

I wish I **could** go to school.
（学校へ行くことができればいいのになあ。）

I wish I **had** pens and notebooks.
（ペンやノートを持っていればいいのになあ。）

「…であればよいのに」のように，現実とは異なる願望を言うときは，**wish (that)** **＋主語＋動詞の過去形**の文を使う。

「…ない(現実)」　I don't have pens.（私はペンを持っていません。）

「…であればよいのに(願望)」　I wish I had pens.
動詞の過去形（had）
（私がペンを持っていればよいのに。）

「…できればよいのに(願望)」　I wish I could go to school.
助動詞の過去形（could）　└原形（go）
（私が学校に行ければよいのに。）

助動詞のあとにくる動詞は原形を使うよ。

wish (that)のあとにbe動詞がくるときは，主語に関係なくふつうはwereを使う。

I wish I were a famous player.（私が有名な選手であればよいのに。）
主語がIでもwereを使う

Check!

食べ物を寄付することができればいいのになあ。
I (wish) I (could) (donate) some food.

New Words

① …を寄付する (donate)　② 未使用の (unused)
③ キャンペーン (campaign)　④ 関係 (relation)

1 絵を見て，「私は…であれば[できれば]よいのに」という文を作りなさい。

例 I wish (that) I were your classmate.

(1)

have

(2)

can read

(3)

there is

Navi
それぞれ次の意味の文を作る

(1)私がイヌを飼っていればよいのに。
(2)私が日本語を読めればよいのに。
(3)牛乳があればよいのに。

□(1) I wish ______ ______ a ______.

□(2) I ______ ______ ______ read Japanese.

□(3) I ______ ______ there ______ some milk.

2 日本語に合う英語になるように，______に正しい語を入れなさい。

□(1) 私にお兄さんがいればよいのに。

I ______ I ______ an older brother.

□(2) 私はもっと背が高ければよいのに。

I ______ ______ I ______ taller.

□(3) あなたがその旅行に参加できればよいのに。

I ______ you ______ ______ the tour.

Point
・「私は(自分が)…であればよいのに。」
→I wish (that) I＋動詞の過去形 ....

3 日本語に合う英語になるように，語句を正しく並べかえなさい。

□(1) 私があなたのように歌えればよいのに。

wish / sing / you / I / like / could / I / .

____

□(2) 彼が私たちのチームにいればよいのに。

he / our team / I / on / were / wish / .

____

Point
・「私は(自分が)…できればよいのに。」
→I wish (that) I could＋動詞の原形 ....
・「(人)が…であればよいのに。」
→I wish (that)＋人＋動詞の過去形 ....

Unit 6

教科書内容の確認

次の英文が教科書91ページの本文の内容と合うものには○を，合わないものには×をつけなさい。

□(1) There are children who can't go to school in the world. (　　)

□(2) We can donate used school backpacks to help children. (　　)

解答 p.20

Unit 6 Beyond Borders

Scene ②

Key Sentence 20　仮定法(If＋主語＋動詞 ...)

「…であれば～だろう(に)」という言い方

If I **were** you, I **would** ask my friends for help.
（もし私があなたなら，友達に助けを求めるでしょう。）

「…であれば～だろう(に)」のように，現実とは異なることを仮定して言うときは，**If＋主語＋be動詞の過去形(were)**の形を使う。
また，後半の部分は，**主語＋助動詞の過去形(would[could])＋動詞の原形**の形にする。

「もし…であれば～だろう(に)」

コンマを置く

If I **were** you, I **would** ask my friends for help.

be動詞の過去形
「もし私があなたなら」
現実と異なること

助動詞willの過去形
「私は自分の友達に助けを求めるでしょう」

仮定法は，事実とは反対のことや，ありえないことを想像して言うときに使うよ。

「もし…であれば～できるだろう(に)」

If it **were** sunny today, we **could** go to the sea.

be動詞の過去形
「もし今日晴れていれば」

助動詞canの過去形
「私たちは海に行くことができるのに」

上の文からは，「実際は，晴れていない」ということがわかるね。

Check!　もし私があなたなら，今すぐ家に帰るでしょう。
(　If　) I (　were　) you, I (　would　) go home right now.

New Words
① もちろん，確かに　(definitely)　② アフガニスタン　(Afghanistan)
③ 今まで(は)，これまで(は)　(　so　) (　far　)

1 絵を見て，「もし―が…であれば～だろうに[できるのに]」という文を作りなさい。

例 If I were you, I would stay here.

(1)

I / free / will

(2)

bag / blue / will

(3)

it / hot / can

□(1) If ____ were ____, I ____ go to the concert.

□(2) If this ____ were ____, I ____ buy it.

□(3) If ____ ____ ____ today, I ____ enjoy eating ice cream.

Navi

それぞれ次の意味の文を作る

(1)もし私がひまなら，コンサートに行くだろうに。
(2)もしこのかばんが青色なら，私はそれを買うだろうに。
(3)もし今日暑ければ，私はアイスクリームを食べて楽しめるのに。

2 日本語に合う英語になるように，____に正しい語を入れなさい。

□(1) もし私が日本人の生徒なら，それを送るだろうに。

____ I ____ a Japanese student,
I ____ send it.

□(2) もし私があなたなら，ほかの方法を試せるのに。

If I ____ ____, I ____ try another way.

□(3) もし彼がもっと年をとっていれば，留学に行けるのに。

If he ____ older, he ____ study abroad.

Point

・「～だろうに」
→willの過去形wouldを使う。
・「～できるだろうに」
→canの過去形couldを使う。

3 日本語に合う英語になるように，語を正しく並べかえなさい。

□ もしトムがここにいれば，彼は喜ぶだろうに。

Tom / be / if / happy / he / were / would / here / , / .

____

Point

If節内の主語が何であってもbe動詞はwereを使うことが多い。

Unit 6

教科書内容の確認

次の英文が教科書92ページの本文の内容と合うものには○を，合わないものには×をつけなさい。

□(1) Meg has never seen Japanese school backpacks. (　　)

□(2) Meg is going to send her old backpack. (　　)

解答 p.20

Unit 6 Beyond Borders

Read and Think ①

Key Sentence 21　仮定法(If＋主語＋動詞の過去形, ...)

「…すれば～だろう(に)」という言い方

If I **had** a school backpack, I **would** donate it.
（もし私がランドセルを持っていれば，寄付するでしょう。）

「…すれば～だろう(に)」のように，現実とは異なることを仮定して言うときは，**If＋主語＋一般《いっぱん》動詞の過去形**の形を使う。
また，後半の部分は，**主語＋助動詞の過去形(would[could])＋動詞の原形**の形にする。

「もし…すれば～だろう(に)」

If I **had** a school backpack, I **would** donate it.

- had：一般動詞の過去形
- コンマを置く
- would：助動詞willの過去形
- 「もし私がランドセルを持っていれば」現実と異なること
- 「私はそれを寄付するでしょう」

仮定法は現在のことを言っていても，動詞や助動詞は過去形を使うよ。

If節内に助動詞があるときは，助動詞を過去形にする。

「もし…できれば～だろう(に)」

If I **could** take a bus, I **would** get there soon.

- could：助動詞canの過去形
- would：助動詞willの過去形
- 「もし私はバスで行くことができれば」
- 「私はすぐそこに着くだろうに」

Check!　もし私がコンピュータを持っていれば，もっと多くの情報を得るだろうに。
(　If　) I (　had　) a computer, I (　would　) get more information.

New Words

① 用意ができて　(　ready　)　② …を受け取る　(　receive　)
③ …を励《はげ》ます　(encourage)　④ …を想像する　(　imagine　)

1 絵を見て，「もし―が…すれば～だろうに[できるのに]」という文を作りなさい。

例 If I had money, I would join the party.

(1)

try / can win

(2)

help / will feel

(3)

have / can buy

□(1) If he ______ harder, he ______ win the match.

□(2) If we ______ the elderly woman, she ______ ______ happy.

□(3) If I ______ enough money, I ______ ______ the T-shirt.

Navi

それぞれ次の意味の文を作る

(1)もし彼がもっと努力をすれば，試合に勝つだろうに。
(2)もし私たちがそのおばあさんを手伝えば，彼女はうれしいと感じるだろうに。
(3)もし私が十分なお金を持っていれば，そのTシャツを買えるだろうに。

2 日本語に合う英語になるように，______に正しい語を入れなさい。

□(1) もし私がそれを知っていれば，あなたにすべて話すだろうに。

If I ______ it, I ______ tell you all.

□(2) もしあなたが勉強をしなければ，読み書きができないでしょうに。

______ you ______ ______, you ______ read or write.

□(3) もし私が辞書を使えるなら，すぐにその質問に答えるだろうに。

If I ______ ______ the dictionary, I ______ answer the question soon.

Point

「もしあなたが…しなければ，～できないだろうに」
→If you didn't＋動詞の原形 ..., you couldn't＋動詞の原形 ....

3 日本語に合う英語になるように，語句を正しく並べかえなさい。

□ もし車を持っていれば，便利だろうに。

would / a car / useful / I / it / if / had / be / , / .

____

Point

「もし…を持っていれば」
→If I had ...,

教 科書内容の確認

次の英文が教科書94ページの本文の内容と合うものには○を，合わないものには×をつけなさい。

□(1) School backpacks help the parents in Afghanistan send their children to school. (　　)

□(2) School supplies from Japan haven't made children's lives better in Afghanistan yet. (　　)

解答 p.20

Unit 6 Beyond Borders
Read and Think ②

Key Sentence 22 主語を説明する関係代名詞

「…が～する(名詞)は」という言い方

Many things that we see every day come from overseas.
(私たちが毎日目にする多くのものは海外から来ています。)

「…が～する(名詞)は」のように，主語に説明を加えて言うときは，**名詞＋関係代名詞を使った節＋動詞**の形を使う。

「…が～する(名詞)は」

Many things (名詞) that we see every day come (動詞) from overseas.

「多くのもの」についてくわしく説明

「私たちが毎日目にする多くのもの」が主語

主語と動詞の間に関係代名詞の節が入る。

その文章の動詞がどれなのか見極めるのが大切だよ。

主格の関係代名詞を使って主語に説明を加えることもできる。

「～される(名詞)は」 The cakes (名詞) which are made by Jane are (動詞) good.

「ケーキ」についてくわしく説明

「ジェーンによって作られるケーキ」が主語

Check!

ケンが書いた多くの物語は独特です。

Many (stories) (that[which]) (Ken) (wrote) are unique.

New Words

① コート	(coat)	② …を輸入する	(import)
③ …を囲む	(surround)	④ sellの過去分詞	(sold)

1 絵を見て，「…が～する(名詞)は—です」や「…が～する(名詞)は—でした」という文を作りなさい。

例 The bag that Amy uses every day is nice.

(1)

we love / win

(2)

help / is

(3)

I often visit / have

□(1) The team ______ we ______ will ______ the championship.

□(2) The girl ______ ______ Ms. King yesterday ______ Saki.

□(3) The library ______ I often ______ ______ a lot of interesting books.

Navi

それぞれ次の意味の文を作る

(1)私たちの大好きなチームが優勝するでしょう。
(2)昨日キング先生を手伝った女の子はサキでした。
(3)私がよく訪れる図書館には多くの興味深い本があります。

2 日本語に合う英語になるように，______に正しい語を入れなさい。

□(1) 私たちの食べるとり肉の３分の１は，ほかの国々から来ています。

One-third of the chicken ______ we ______ ______ from other countries.

□(2) その会社で売られる多くの製品は，ほかの国々で作られています。

Many products ______ ______ ______ by the company ______ made in other countries.

□(3) 行事に参加した生徒は，レポートを書かなければなりません。

The students ______ ______ the event ______ write a report.

Point

「行事に参加した生徒」が主語になる。

3 日本語に合う英語になるように，語句を正しく並べかえなさい。

□ 彼が書いた本は役に立ちます。

he / the books / wrote / helpful / which / are / .

____

Point

「彼が書いた本」が主語になる。

Unit 6

教科書内容の確認

次の英文が教科書95ページの本文の内容と合うものには○を，合わないものには×をつけなさい。

□(1) We cannot live without imported food and products. (　　)

□(2) We don't have to import electronic devices from overseas. (　　)

解答 p.21

Unit 6 総合問題

1 文法 (　　)内の語を正しい形にしなさい。

□(1) I wish I (have) some money now. ＿＿＿＿

□(2) If it (be) sunny, we could hold the festival. ＿＿＿＿

□(3) If you (buy) the product, your life would be better. ＿＿＿＿

□(4) If you showed me a map, I (can) understand easily. ＿＿＿＿

2 語句・表現 ＿＿に入る語を，下から選んで書きなさい。ただし，同じ語は２回使わない。

□(1) Most ＿＿＿＿ the backpacks come with pens.

□(2) Students will be ready ＿＿＿＿ school.

□(3) Children can use the backpacks as desks ＿＿＿＿ the open air.

□(4) Japan depends ＿＿＿＿ foreign trade.

in	for	on	of

3 文法 日本語に合う英語になるように，＿＿に正しい語を入れなさい。

□(1) なにか役に立つものを寄付できればなあ。
I ＿＿＿＿ I ＿＿＿＿ donate something helpful.

□(2) 彼女が前向きなら，また挑戦するだろうに。
If she ＿＿＿＿ positive, she ＿＿＿＿ try again.

□(3) あなたはもっと早く起きれば，朝食を食べることができるのに。
If you ＿＿＿＿ up earlier, you ＿＿＿＿ have breakfast.

□(4) あなたが私たちのために立てた計画は完ぺきでした。
The ＿＿＿＿ ＿＿＿＿ you made for us was perfect.

ヒント

1　現在のことを言うときでも，仮定法では動詞や助動詞は過去形にする。

3(1)「…であればよいのに」＝I wish ....　(2) 仮定法では主語にかかわらずbe動詞はwere。

4 文法　日本語に合う英語になるように，語句を正しく並べかえなさい。

□(1)　私がもっとセンスがよければなあ。

wish / stylish / I / were / I / more / .

□(2)　今日が日曜日なら，９時まで眠れるのになあ。

could / nine / today / I / until / Sunday / sleep / if / were / , / .

□(3)　もし私たちが食料を輸入しなければ，生存できないでしょう。

we / couldn't / survive / import / if / we / food / didn't / , / .

□(4)　私の市に来る人の大部分はその動物園を訪れます。

come / visit the zoo / of / most / to / who / the people / my city / .

5 読解　文章を読んで，あとの問いに答えなさい。

Imagine your life without school. If you didn't study, you couldn't read or write. If you were illiterate, you couldn't get information through books or websites. In some parts of the world, there are children living like ①this.

Children like these in Afghanistan receive school backpacks from Japan. ②It makes them happy. It also encourages their parents to send their sons and daughters to school.

□(1)　下線部①の内容を説明した日本語を完成しなさい。

学校に通っていないので教育が受けられず，(　　　　　　　　　　　　)。その結果，本やウェブサイトから(　　　　　　　　　　　　)ができない状態。

□(2)　下線部②の意味を，it と them が何を指しているか具体的に示して日本語で書きなさい。

(　　　　　　　　　　　　　　　　　　　　　　　　)

ヒント

4(3)「もし私たちが…しなければ，」＝If we didn't ...,　(4)「…の大部分」＝most of ...

5(1)　前に書かれている内容をまとめる。　(2)　直前の１文の内容に着目する。

解答 p.21

食品の選択 —賛成する・反対する—

重要文　相手の意見を受けて自分の主張を述べる文

I think it's better to buy domestic vegetables **because of** food miles.
（私はフードマイルのために国産野菜を買う方がよいと思います。）

I agree with Meg.
（私はメグに賛成します。）

I see your point, but we need to save money, too.
（あなたの言おうとしていることはわかりますが，お金を節約することも必要です。）

「～なので，私は…する方がよいと思います。」と自分の意見と理由を言うときは，**I think it's better to … because ～.** の文を使う。

I think it's better to buy domestic vegetables because of food miles.
because of＋名詞＝「…のために」

※「～なので」の部分は〈because＋主語＋動詞〉の文にしてもよい。

相手の意見に賛成するときは，**I agree with ….** などの文を使う。

I agree with Meg.
└ 相手の名前や，your idea「あなたの考え」などの語句を置く

I think so, too.（私もそう思います。）

相手の意見に反対するときは，**I see your point, but ….** のように，まず，相手の主張を受け入れてから自分の考えを言う。

I see your point, but I disagree with you.
（あなたの論点はわかりますが，私はあなたに反対です。）

Check!
私たちはエマに賛成します。
We (agree) (with) Emma.

New Words
① 賛成する (agree)　② 論点，特徴，ポイント (point)
③ そのうえ，さらに (besides)

1 日本語に合う英語になるように，______に正しい語を入れなさい。

□(1) 輸入野菜はしばしば，より安いです。
Imported vegetables are often ______ .

□(2) 私たちは，日本では旬ではない野菜を買うことができます。
We can buy vegetables that are not ______ ______ in Japan.

□(3) 国産野菜はより安全だと思われます。
Domestic vegetables ______ safer.

□(4) そのうえ，私たちはより幅広くいろいろな野菜を楽しむことができます。
______ , we can enjoy a wider variety of vegetables.

Point

(1) cheap（安い）の比較級
(2)「旬」は「季節の」と考える。
(3)「思われる」→「…のように見える」
(4) 前置詞のbeside（…のそばに）と混同しないように注意。

2 次の対話文が成り立つように，______に正しい語句を入れなさい。

□(1) *Rika*: I think it's ① ______ ______ buy imported vegetables. They are good.
□ *Bill*: I ② ______ ______ you. We can eat different kinds of vegetables from other countries.

(2) *Meg*: I often buy things on the internet. That's very convenient.
□ *Tom*: I'm ① ______ ______ about that. I want to check the size or color of the products at a shop.
□ *Taku*: I ② ______ your ______ , Tom, but we don't have to go out if we buy things on the internet.

Navi

それぞれ次の意味の文を作る

(1) ①私は輸入野菜を買う方がよいと思います。
②私はあなたに賛成です。
(2) ①私はそれについて確信を持てません［よくわかりません］。
②私はあなたの論点はわかりますが，…

解答 p.21

Grammar for Communication ④

教科書 100

仮定法 —— 現実とは異なることを仮定しよう

現実とは異なる願望や実現しないような願望は，仮定法を使って表す。

形を覚えよう

仮定法 I wish ….

現実	I don't have time.	（私には時間がありません。）
願望	I wish I **had** time.	（私に時間があればなあ。）

★I wishに続く文の動詞は過去形を使う。

★I wishに続く文の動詞がbe動詞のときは，主語にかかわらずwereを使う。

現実	I can't swim.	（私は泳げません。）
願望	I wish I **could** swim.	（私が泳げればなあ。）

★I wishに続く文に助動詞があるときは，助動詞を過去形にする。

仮定法 If ….

あり得る仮定	If it is sunny tomorrow, I will go out. （もし明日晴れたら，私は外出するでしょう。）
あり得ない仮定	If it **were** sunny today, I **would** go out. （もし今日晴れていれば，私は外出するのになあ。）

あり得る仮定	If he has time, he can go shopping. （もし彼に時間があれば，買い物に行けます。）
あり得ない仮定	If he **had** time now, he **could** go shopping. （もし今，彼に時間があれば，買い物に行けるのになあ。）

★仮定法では，現在のことでも過去形を使う。

★If＋主語＋動詞の過去形，主語＋could[would]＋動詞の原形現実….の形にする。

1 (　　)に入る正しい語句を選んで書きなさい。

□(1) I wish she (is, were) my sister.

□(2) We wish we (could, can) join the festival.

□(3) If you (speak, spoke) English, you could enjoy the party.

□(4) If I were at home now, I (will, would) watch TV.

2 日本語に合う英語になるように，_____に正しい語を入れなさい。

□(1) 彼女の電話番号を知っていればなあ。

I _____ I _____ her phone number.

□(2) 私があなたなら，医者にみてもらうだろうに。

_____ I _____ you, I _____ see a doctor.

□(3) もしあなたが彼らを尊重すれば，彼らとは友達になれるだろうに。

If you _____ them, you _____ become friends with them.

□(4) もし私たちがバスに乗れば，すぐにそこに着くことができるのに。

_____ we _____ a bus, we _____ get there soon.

3 英語の意味を日本語で書きなさい。

□(1) I wish I could help you.

(　　　　　　　　　　　　　　　　　　　　　　　　　　　　)

□(2) If there weren't water, we would die in a few days.

(　　　　　　　　　　　　　　　　　　　　　　　　　　　　)

□(3) If I had a chance, I would work in a foreign country.

(　　　　　　　　　　　　　　　　　　　　　　　　　　　　)

4 日本語に合う英語になるように，語句を正しく並べかえなさい。

□(1) 車の運転ができればなあ。

wish / could / a car / I / drive / I / .

_____

□(2) もしリサがここにいれば，彼女は私にアドバイスをしてくれるだろうに。

were / advice / give / if / would / here / me / she / Lisa / , / .

_____

□(3) もしあなたがもっと野菜を食べれば，より健康になるだろうに。

you / better / would / more / be / you / ate / vegetables / if / , / .

_____

解答 p.21～22

Let's Listen ⑥

教科書101

中学校生活の思い出

表現のまとめ

スピーチを聞いて，話の概要を理解する。

中学校生活のいちばんの思い出についてのスピーチを聞くときは，話し手の「いちばんの思い出」，「具体的なエピソード」，「感想や考え」などに着目して聞き取る。

練習１ スピーチを聞いて，②～⑤の（　　）に適切な日本語を入れなさい。

構成	内容
①名前	ケンタ
□②いちばんの思い出	夏休み中に（　　　　　　　　　　　　　　　）こと。
□③具体的なエピソード	友達が（　　　　　　　　　　　　　　　　）。 （　　　）のスタッフが（　　　　　　　　　　）だった。
□④自分の感想や考え	彼らの（　　　　　　　　　　）ということに気づいた。
□⑤まとめ	彼らの（　　　）を忘れず，（　　　　　　　　）になりたい。

練習２ 英文を聞いて，＿＿＿に適切な語句（１～３語）を書きなさい。

□ Hello, everyone. I'm Kenta. I'd like to tell you about my best experience in junior high school. I once had to stay in ＿＿＿＿＿ during summer vacation. I stayed there for ＿＿＿＿＿＿＿ . I was on the basketball team, but couldn't join our practice. I was so sad. However, some of my friends often visited me and ＿＿＿＿＿ some ＿＿＿＿＿＿＿ . Also, the staff at the ＿＿＿＿＿ were very ＿＿＿＿＿＿ . I realized their ＿＿＿＿＿ always ＿＿＿＿＿＿＿＿＿＿ . I won't forget their ＿＿＿＿＿ , and want to be a ＿＿＿＿＿＿＿＿ to others.

1 スピーチを聞いて，②～⑤の（　　）に適切な日本語を入れなさい。

構成	内容
①名前	ミサキ
□②いちばんの思い出	（　　　　　　　　）
□③具体的なエピソード	（　　　　　）の森さんは若いけれど，多くの（　　　　）があった。 森さんは有名な場所の（　　　　　　　　　　　　　）。
□④自分の感想や考え	（　　　　）をよく知っていれば，（　　　　　　　　　　　　） と思った。
□⑤まとめ	将来，（　　　　　　　　　　　　　　　　　　　　　）ために， （　　　　）を学び始めた。

2 スピーチを聞いて，②～⑤の＿＿＿に適切な語句を書きなさい。

構成	内容
①名前	Satoru
□②いちばんの思い出	My best experience in junior high school was ＿＿＿＿＿＿ ＿＿＿＿＿＿＿＿＿＿＿＿＿＿＿＿＿＿＿＿＿＿＿＿.
□③具体的なエピソード	When Alex made mistakes《失敗した》, he always ＿＿＿＿＿＿ ＿＿＿＿＿＿＿＿＿＿＿＿＿＿＿＿＿＿＿＿＿＿＿＿. He ＿＿＿＿＿＿＿＿＿＿＿＿ to try again and again.
□④自分の感想や考え	I realized ＿＿＿＿＿＿＿＿＿＿＿＿＿＿＿＿＿＿＿＿.
□⑤まとめ	My goal《目標》 is ＿＿＿＿＿＿＿＿＿＿＿＿＿＿＿＿＿＿＿＿, and I won't give up《あきらめない》.

解答 p.22

Stage Activity ③

教科書 102▸105

Let's Have a Mini Debate

重要文　主張や質問，反論する

I think that Japan is a good country to live in **because** people are friendly.
（人々が親しみやすいので，日本は住むのによい国だと思います。）

You said that people seem friendly, **but don't you think** that they don't show how they really feel?
（あなたは人々は親しみやすいと言いましたが，彼らは本当はどのように感じているか見せないとは思いませんか。）

You may be right, but I think they just try to be kind.
（あなたの言うことは正しいかもしれませんが，彼らはただ親切にしようとしているのだと思います。）

ディベートでは，「自分の主張を述べる」「相手の主張について質問する」「相手の主張に反論する」必要がある。

最初に，自分の主張を述べるときは，理由や例をあげて説得力を持たせる。

I think that Japan is a good country to live in because people are friendly.
（because people are friendly：理由を述べる）

質疑応答では，自分と反対の意見を理解し，弱点をつくための質問をする。

You said that people seem friendly, but don't you think that they don't show how they really feel?
（don't you think：～とは思いませんか）

反論するときは，まず相手の主張を受けとめてから，論理的に意見を述べる。

You may be right, but I think they just try to be kind.

Check!

あなたは国産の食べ物はより安全だと言いましたが，それは少し高価だとは思いませんか。

(You) (said) (that) domestic food is safer, (but) (don't) (you) (think) it is a little expensive?

New Words

① 審判員 (judge)　② 側，面 (side)
③ …を着ている (wear)　④ 否定的な，よくない (negative)

1 日本語に合う英語になるように，______に正しい語を入れなさい。

□(1) 日本で外食すると費用がかかります。
It's expensive to ______ ______ in Japan.

□(2) いなかの電車は少しも混んでいません。
Trains in the countryside are ______ crowded ______ ______.

□(3) 質疑応答に進みましょう。
Let's ______ ______ to questions and answers.

Point
(1)「外食する」は「外で食べる」と考える。

2 次の対話文が成り立つように，______に正しい語句を入れなさい。

司会　Let's start a mini debate. Today's topic is "It's better to live in the countryside than in cities."
First, we'll hear from people who agree.

賛成側　In my □① ______, it's better to live in the countryside. Let me give you an □② ______. We can live in beautiful nature.

司会　Thank you. Next, we'll hear from people who disagree.

反対側　I think that it's better to live in cities □③ ______ there are a lot of shops and helpful facilities.

司会　Now, people who disagree, please ask questions first.

反対側　You said that you can live in nature, but □④ ______ you think that some wild animals like bears are dangerous?

賛成側　I see what you □⑤ ______, but if we learn about their lives and ecosystem, people and wild animals can live together.

注）dangerous　危険な

Navi
それぞれ次の意味の文を作る

①私の意見では，…
②例をあげましょう。
③多くの店や便利な施設があるので…
④クマのような野生の動物は危険だと思いませんか
⑤あなたの言いたいことはわかりますが，…

解答 p.23

Power Your Future

① 重要文　仮定法を使った文

If＋主語＋動詞の過去形..., 主語＋could[would]＋動詞の原形....の文(復習)

If the electricity **were** cut for one week, what **would** happen to our lives?
（もし電気が1週間止められるなら，私たちの生活には何が起こるでしょうか。）

事実とは異なる想定や，あり得ない仮定を言うときは，〈If＋主語＋動詞の過去形...，主語＋could[would]＋動詞の原形....〉の形を使う。

If the electricity were cut, we could not charge our smartphones.
（もし電気が止められるなら，私たちはスマートフォンを充電《じゅうでん》できないでしょう。）

※仮定法では，現在のことでも動詞や助動詞は過去形にする。

仮定する内容や願望が，あり得るかあり得ないかは，話し手の考え方や状況によって変わるよ。

事実とは異なる願望や実現しないような願望を言うときはwishを使う。

I wish I had a smartphone.　←事実とは異なる願望
（私がスマートフォンを持っていればなあ。）

I wish I were Ohtani Shohei's friend.　←実現しないような願望
（私が大谷翔平《しょうへい》の友達であればなあ。）

※仮定法では，be動詞は主語が何であってもwereを使う。

Check!　もしもっと厳しい規則が作られるなら，私たちの学校生活には何が起こるでしょうか。
(　If　) stricter rules (　were　) made, what (　would　) happen to our school life?

New Words

① 健康　(health)　② 危険な　(dangerous)
③ …を管理する　(control)　④ …を処理する　(handle)

❶ 日本語に合う英語になるように，______に正しい語を入れなさい。

□(1) もし電気が止められるなら，明かりが切れるでしょう。
If the electricity were cut, the lights ______ be ______.

□(2) 原子力は大きな量のエネルギーを生産します。
Nuclear power produces ______ large ______ ______ energy.

□(3) 放射性廃棄物を常に安全に処理するのは難しいです。
It is difficult to handle nuclear waste safely ______ ______ ______.

Point
(1) 仮定法の文。
(2)「量」
→amount
(3)「常に」は「すべてのときに」と考える。

❷ 文章を読んで，あとの問いに答えなさい。

Japan uses a lot of oil, coal, and natural gas to make electricity. These resources are called “fossil fuels.” Fossil fuels have some good points. They are relatively cheap, and they can be used for many things. However, scientists say that we may run out of fossil fuels in 100 years. There are other problems, too. Fossil fuels release carbon dioxide and other dangerous chemicals. They increase global warming and damage our health.

□(1) 化石燃料のよい点を２つ，日本語で書きなさい。
(　　　　　　　　　　　　　　　　　　　　)
(　　　　　　　　　　　　　　　　　　　　)

□(2) 本文の内容について，質問に英語で答えなさい。
What will increase global warming?
—— ______

Point
(1) relatively
→「比較的」
(2) 関係代名詞を使って答えてもよい。

教科書内容の確認

教科書106～107ページの本文の内容について，質問に英語で答えなさい。

□(1) Is it easy for us to live without electricity?
—— ______, it ______.

□(2) What is the good point of nuclear power?
—— It ______ ______ carbon dioxide.

解答 p.23

Let's Read 2

教科書 107▸108

Power Your Future

② 重要文　間接疑問文

疑問文を目的語にする文（復習）

You can decide **how much** energy you use.
（あなたは自分がどのくらいのエネルギーを使うか決めることができます。）

How much ...? などの疑問文を目的語にするときは，**疑問詞（を含む語句）＋主語＋動詞**の語順にする。

You can decide how much energy you use.
（how much energy：疑問詞を含む語句　you use：主語＋動詞）

Tell me what kind of energy she wants to use.
（what kind of energy：疑問詞を含む語句　she wants to use：主語＋動詞...）

（彼女が使いたいエネルギーの種類を私に教えてください。）

疑問詞のあとに続く文の動詞は，
直前の主語に合わせるよ。

Check!

私たちは自分たちがその演奏にいくら払うか決めることができます。

We can decide (how) (much) money (we) (pay) for the performance.

New Words

①	日光	(sunshine)	②	風	(wind)
③	4分の1	(quarter)	④	…を解決する	(solve)
⑤	雨	(rain)	⑥	再生可能な	(renewable)
⑦	電池	(battery)	⑧	持続可能な	(sustainable)
⑨	秒	(second)	⑩	消費者	(consumer)
⑪	…を発明する	(invent)	⑫	発明家	(inventor)
⑬	海，大洋	(ocean)	⑭	熱	(heat)

1 日本語に合う英語になるように，______に正しい語を入れなさい。

□(1) 彼らは風力から電気を得ています。
They get electricity from ______ ______ .

□(2) ここで使われる電力の４分の１は自然の地熱からきています。
______ ______ ______ the electricity used here comes from the natural heat in the ground.

□(3) 何か私があなたにできることはありますか。
Is there ______ I can do for you?

Point
(1)「風」
→wind
(2)「４分の１」
→quarter
(3) 疑問文で使う「何か」を入れる。

2 文章を読んで，あとの問いに答えなさい。

> Now many countries are using sunshine, wind, steam, rivers, and even ocean waves to make electricity. These are examples of “renewable energy.” Japan has many rivers, and their power is used to produce electricity. Their water is renewable and does not release dangerous chemicals. However, we need dams to use water power, and these dams can damage the environment.

□(1) 川の水を使った発電のよい点を２つ，日本語で書きなさい。
(   )
(   )

□(2) 本文の内容について，質問に英語で答えなさい。
If we build dams to use water power, what can happen?

____

Point
(1) release
→「放出する」
(2) 本文最後の１文を参照。

教科書内容の確認

教科書107 ～ 108ページの本文の内容について，質問に英語で答えなさい。

□(1) Have some countries started to use renewable energy?
— ______ , they ______ .

□(2) What kind of device did Reyhan invent?
— She invented a divice to make ______ ______ ______ .

解答 p.23

Let's Read 3

教科書 110▸111

A Graduation Gift from Steve Jobs

重要文　関係代名詞(目的格)

名詞のあとに語句を置いて，その名詞をくわしく説明する文(復習)

I loved the artistic posters (**that [which]**) I saw at college.
(私は大学で見た芸術的なポスターが大好きでした。)

目的格の関係代名詞を使って「人やもの・動物」を説明するときは，**名詞＋that [which]＋主語＋動詞....** の語順にする。
名詞が「人」のときはthat，「もの・動物」のときはthatかwhichを使う。

Steve Jobs is a person that many people respect.
「人」　関係代名詞　名詞を修飾している文
(スティーブ・ジョブズは多くの人々が尊敬する人です。)

I loved the artistic posters I saw at college.
「もの」　名詞を修飾している文

※目的格の関係代名詞は省略することができる。

The letters which Jobs created are beautiful.
動詞
The lettersからcreatedまでが主語
(ジョブズがつくり出した文字は美しいです。)

関係代名詞を含む部分が主語のときは，どこからどこまでが主語なのかに注意しよう。

Check!
私は日本で食べたカレーライスが好きでした。
I liked curry and rice (I) (had [ate]) in Japan.

New Words

① (単科)大学	(college)	② ちがい	(difference)
③ 幸運な	(lucky)	④ 成功した	(successful)
⑤ …に通う	(attend)	⑥ 興味	(interest)
⑦ なくなった	(gone)	⑧ growの過去形	(grew)

Let's Read 3

教科書 112▸113

A Graduation Gift from Steve Jobs

重要文

関係代名詞(主格)

名詞のあとに語句を置いて，その名詞をくわしく説明する文(復習)

I liked a magazine **that** ended with the words: “Stay Hungry. Stay Foolish.”
(私は“Stay Hungry. Stay Foolish.”という言葉で終わる雑誌が好きでした。)

主格の関係代名詞を使って「人やもの・動物」を説明するときは，**名詞＋that [who, which]＋動詞 ....** の語順にする。
名詞が「人」のときはthatかwho，「もの・動物」のときはthatかwhichを使う。

I liked a magazine that ended with the words: ....
「もの」　関係代名詞　名詞を修飾している語句

※主格の関係代名詞は省略することができない。

Animation studio which was made by Jobs is Pixar.
Animationから Jobsまでが主語　動詞

(ジョブズによって作られたアニメーションスタジオはピクサーです。)

関係代名詞のthatは
主格でも目的格でも使えるよ。

Check!
私はやさしい英語で書かれた本を買いました。
I bought a book (that[which]) is written in easy English.

New Words

① …だけれども	(though)	② だれか	(someone)
③ (その)ほかの	(else)	④ 雑誌	(magazine)
⑤ 初心者	(beginner)	⑥ 限られた	(limited)
⑦ 内側の	(inner)	⑧ 愚《おろ》かな	(foolish)

Unit 0・1

時間 30分 /100

1 これから(1)から(3)までの３つの対話を読みます。それを聞いて，対話の内容に合っている絵を，それぞれア，イ，ウの中から選んで，記号で答えなさい。（２点×３）

□(1)

ア

イ

ウ

□(2)

ア

イ

ウ

□(3)

ア

イ

ウ

(1)	
(2)	
(3)	

2 これからジュディ（Judy）とケン（Ken）の対話を読みます。それを聞いて，対話の内容に合っている英文をア，イ，ウ，エ，オの中から２つ選んで，記号で答えなさい。（２点×２）

□ ア Judy has been to Kyoto.
イ Judy has heard of Kyoto.
ウ Ken visited Kyoto two years ago.
エ Ken has been to Kyoto twice.
オ Judy visited Kyoto on a school trip.

3 (　　)内の語を正しい形にしなさい。 (3点×4)

□(1) My sister (have) tried skiing in Nagano.

□(2) Have you ever (eat) *umeboshi*, John?

□(3) The letter from Emily made (they) very happy.

□(4) Our teammates try to keep (smile) during the game.

(1)	
(2)	
(3)	
(4)	

4 日本語に合う英語になるように，_____に正しい語を入れなさい。 (3点×4　完全解答)

□(1) あなたたちはこのカメラを使ったことがありますか。

_______ you _______ _______ this camera?

□(2) ((1)に答えて) いいえ，ありません。

No, we _______ .

□(3) 彼女の笑顔のおかげで私たちは前向きでいられます。

Her smiles _______ _______ positive.

□(4) 私はまさにあなたのようにテニスがしたいです。

I want to play tennis _______ _______ you.

(1)				(2)		
(3)				(4)		

5 会話が成り立つように，_____に正しい語を入れなさい。 (4点×2　完全解答)

□(1) *A* : This is my favorite movie.

B : _______ _______ _______ have you watched it?

A : About ten _______ .

B : Really? You really love it.

□(2) *A* : Did you see our new English teacher?

B : Yes. She told us _______ we can _______ _______ Meg.

A : Oh, I like her name. I want to talk with her.

(1)				
(2)				

解答 p.24

6　日本語に合う英語になるように，語句を正しく並べかえなさい。　　　（4点×3）

□(1)　彼女は一度も試合に勝ったことがありません。
never / a match / she / won / has / .

□(2)　あなたはナオのスピーチに驚かされましたか。
you / speech / amazed / at / were / Nao's / ?

□(3)　これらの歌手は私に音楽の力を思い出させます。
of / remind / music / these singers / of / me / the power / .

(1)	
(2)	
(3)	

7　対話文を読んで，あとの問いに答えなさい。　　　（5点×3）

Asami:　Have you ever seen the Paralympic Games?
Josh:　Yes, I have.
Asami:　Have you been to a Paralympic event?
Josh:　No, I haven't, but I've watched lots of wheelchair tennis matches on TV. I'm a big fan of Kunieda Shingo.
Asami:　Who's Kunieda Shingo?
Josh:　He's a great athlete. He's one of the best wheelchair tennis players in the world.
Asami:　I've never heard of him.
Josh:　Really? You should check him out on the internet.

問１　本文の内容について，質問に英語で答えなさい。

□(1)　Has Josh watched wheelchair tennis matches?

□(2)　Did Asami know about Josh's favorite wheelchair tennis player?

(1)	
(2)	

□問２　ジョシュは朝美《あさみ》に何をするようにすすめましたか。

8 文章を読んで，あとの問いに答えなさい。 （5点×5）

There is a special wheelchair company in Chiba, Japan. It was established by Ishii Shigeyuki. He himself was a wheelchair user, and was not satisfied with ordinary types. So he decided to design custom-made wheelchairs. <u>They were lighter, stronger, and sportier.</u> Kunieda Shingo and Kamiji Yui use his company's wheelchairs in their matches. These athletes show the world that wheelchairs can be functional and stylish.

Athletes tell the company that wheelchairs are like part of their bodies. So the staff members listen carefully to their opinions. They use technology to make the best wheelchair for each athlete. Technology is supporting more and more athletes around the world.

□問1 下線部のあとに省略されている英語は何ですか。英語3語を書きなさい。 （完全解答）

They were lighter, stronger, and sportier ______ ______ ______ .

□問2 石井さんの会社のスタッフが，運動選手たちの車いすを作るときにすることを2つ，日本語で書きなさい。

問3 本文の内容について，質問に英語で答えなさい。

□(1) Has Mr. Ishii ever used wheelchair?

□(2) Why did Mr. Ishii decide to design custom-made wheelchairs?

(1)	
(2)	

9 自分が行ったことのある観光地を相手に伝えるとき，どのように英語で表しますか。5語以上の英文を書きなさい。 （6点）

□

解答 p.24～25

Unit 2

時間 30分　　/100

1 これから(1)と(2)の２つの対話を読みます。それを聞いて，下の文が対話の内容と合う文になるように，(　)に入るものを，それぞれア，イ，ウの中から選んで，記号で答えなさい。
（２点×２）

□(1) Susan has lived in Yokohama (　　　　).
ア since last May　　イ for three years　　ウ for six months

□(2) Miho has been studying English (　　　　).
ア for seven years　　イ for eight years　　ウ for fifteen years

(1)		(2)	

2 これからハリー(Harry)の自己紹介の英文を読みます。それを聞いて，英文の内容に合っている絵をア，イ，ウ，エ，オ，カの中から３つ選んで，記号で答えなさい。（２点×３）

□

ア

イ

ウ

エ

オ

カ

3 (　　)に入る正しい語を選んで書きなさい。　（3点×4）

□(1) The train has (yet, just) arrived at the station.

□(2) I haven't finished my homework (yet, already).

□(3) On the (another, other) hand, rhythm is important.

□(4) It's a (little, few) difficult to write haiku in English.

(1)	
(2)	
(3)	
(4)	

4 日本語に合う英語になるように，______に正しい語を入れなさい。　（3点×4　完全解答）

□(1) 彼はいつも忙しいというわけではありません。

He is ______ ______ busy.

□(2) 遠慮なく私たちに電話してください。

Please ______ ______ ______ call us.

□(3) 抹茶は緑茶とは異なります。

Maccha ______ ______ ______ green tea.

□(4) 彼女はあなたに会うことをずっと楽しみにしていました。

She has ______ ______ forward to ______ you.

(1)				(2)			
(3)				(4)			

5 次の英文を(　　)内の指示にしたがって書きかえるとき，______に入る最も適切な語を書きなさい。　（4点×2　完全解答）

□(1) We have been friends for ten years. (下線部をたずねる文に)

______ ______ ______ you been friends?

□(2) It is very cold today. So we can't play tennis outside. (２つの文を１文に)

It is ______ cold ______ we ______ play tennis outside today.

(1)			
(2)			

解答 p.25～26

6 日本語に合う英語になるように，語句を正しく並べかえなさい。 （4点×3）

□(1) 俳句には季語が含まれなくてはなりません。
be / in / must / included / haiku / a seasonal word / .

□(2) このケーキは作るのが簡単なだけでなく，おいしいです。
make / easy / but / not / to / delicious / this cake / only / is / , / .

□(3) 私たちは何世紀もの間，俳句を書いてきました。
been / centuries / we / for / have / haiku / writing / .

(1)	
(2)	
(3)	

7 対話文を読んで，あとの問いに答えなさい。 （5点×3）

Kaito: Excuse me, but are you Mr. Baker?
Mr. Baker: Yes. I'm Mike Baker.
Kaito: I'm Honda Kaito. Welcome to our school, Mr. Baker.
Mr. Baker: Thank you, Kaito. Are you in the third year?
Kaito: Yes, I'm in Class 3A. We've been looking forward to your class.
Mr. Baker: I'm glad to hear that. See you later.
Kaito: Goodbye.

問1 本文の内容について，質問に英語で答えなさい。
□(1) Has Kaito seen Mr. Baker before?
□(2) Is Kaito happy to have Mr. Baker at his school?

□問2 下線部thatはどのようなことを指していますか。日本語で書きなさい。

問1	(1)	
	(2)	
問2		

8 文章を読んで，あとの問いに答えなさい。 （5点×5）

> People outside Japan have been writing their own haiku for many years. Haiku in English have become quite popular because they're short and easy to write. The rules for English haiku are less strict than the Japanese rules. For example, a seasonal word is not always necessary. It's not always necessary to count syllables, either.
>
> Haiku in English are not only easy to write, but also easy to read. Actually, there are a lot of haiku websites. There are so many sites that you can even find birthday haiku or pop culture haiku. It may be a fun way to learn English.

□問１　英語の俳句の規則は，日本語の俳句の規則と比べてどのような点で厳しくないのですか。日本語で２つ書きなさい。

□問２　下線部の理由を説明した日本語を完成しなさい。

英語の俳句は，①(　　　　　)簡単なうえに，②(　　　　　)があるので，楽しく英語を学ぶ方法になるかもしれない。

□問３　本文の内容について，質問に英語で答えなさい。

Why have haiku in English become popular?

問１		
問２	①	
	②	
問３		

9 自分がどのくらい今の市や町に住んでいるかを相手に伝えるとき，どのように英語で表しますか。７語以上の英文を書きなさい。 （6点）

□

解答 p.25～26

定期テスト 予想問題 教科書 p.35～51

定期テスト前に予想問題で実力を確かめよう！

Unit 3

時間 30分

/100

1 これから⑴から⑶までの３つの対話を読みます。それを聞いて，対話の内容に合っている絵を，それぞれア，イ，ウの中から選んで，記号で答えなさい。（２点×３）

□⑴ ア

イ

ウ

□⑵ ア

イ

ウ

□⑶ ア

イ

ウ

⑴	
⑵	
⑶	

2 これから⑴と⑵の２つの英文を読みます。それを聞いて，下の文がその英文の内容と合う文になるように，（　　）に入るものを，それぞれア，イ，ウの中から選んで，記号で答えなさい。（２点×２）

□⑴ Ms. Baker's students sometimes want her to (　　　).

ア　use English songs to teach them English

イ　sing English songs in class

ウ　teach them English songs

□⑵ Ellen's mother wants Ellen to (　　　).

ア　make some cakes with her

イ　go to the shop with her

ウ　go to the shop for her

⑴		⑵	

3 （　　）に入る正しい語を選んで書きなさい。　（3点×4）

□(1) It's necessary (of, for) them to learn kanji.

□(2) We wanted Ms. King (to visit, visit) the museum.

□(3) I helped the man (cross, crossed) the street.

□(4) The ibises died one (on, by) one.

(1)	
(2)	
(3)	
(4)	

4 日本語に合う英語になるように，_____に正しい語を入れなさい。　（3点×4　完全解答）

□(1) その時まで，私たちはその鳥をこの国中で見ることができました。

______ ______ then, we could see the birds around this country.

□(2) そのような法律を作ることについてはどう思いますか。

______ ______ making such a law?

□(3) 私たちはトキに以前のように日本の空を飛ばせたいです。

We want to ______ *toki* ______ over Japan like before.

□(4) ビルはあなたに何をするようにと言いましたか。

What did Bill ______ you ______ ______?

(1)			(2)			
(3)			(4)			

5 各組の文がほぼ同じ内容になるように，_____に正しい語を入れなさい。

（4点×2　完全解答）

□(1) Saving animals is not easy.

→It's ______ ______ ______ animals.

□(2) Rika sometimes says to me, "Could you show me your notebook?"

→Rika sometimes ______ me ______ ______ her my notebook.

(1)			
(2)			

解答 p.26～27

6 日本語に合う英語になるように，語句を正しく並べかえなさい。 （4点×3）

□(1) 狩りを禁止することは効果的ですか。

hunting / it / to / is / effective / ban / ?

□(2) その音楽はあなたがリラックスするのを助けるかもしれません。

may / relax / the music / you / help / .

□(3) あなたの年齢を教えてください。

let / know / age / me / your / please / .

(1)	
(2)	
(3)	

7 対話文を読んで，あとの問いに答えなさい。 （5点×3）

Meg: The Red List gives us information about endangered animals, birds, plants, and so on.

Kaito: What animals are on the list?

Meg: Pandas, cheetahs, and gorillas, for example.

Kaito: Really? I didn't know that.

Meg: Some animals and birds in Japan are also on it. I want everyone to know that.

Kaito: Why don't we write an article for our class newspaper?

Meg: That's a good idea.

□問1 下線部thatはどのようなことを指しているか説明した日本語を完成しなさい。

レッドリストには，①（　　　　　）生き物に関する②（　　　　　）がのっていて，その中には，パンダやチーター，ゴリラなども含まれていること。

□問2 海斗たちがクラスの新聞に記事を書こうと提案したのはなぜですか。日本語で書きなさい。

問1	①		②	
問2				

8 文章を読んで，あとの問いに答えなさい。 （5点×5）

Some gorillas are also on the Red List. According to a study, the largest gorillas in the Congo may die out soon. There are many reasons, such as hunting, logging, and mining. Surprisingly, our electronic devices are one of these reasons.

To make these devices, we need some special metals. Some of these metals come from the gorillas' habitat. If we use more devices, more of their habitat may be destroyed. These gorillas may not survive. We have to understand this.

Why do we have to protect these animals? Each animal has its own role in the ecosystem. If we lose one species, it affects many others. Human beings are also part of this ecosystem. We are all related to each other. So it is important for us to take action now. Let's help the animals survive.

□問1 本文の内容と合うように，______に正しい語を入れなさい。 （①は完全解答）

The ① _______ _______ in the gorillas' habitat are used for our electronic devices. And we are destroying their habitat. If we don't ② _______ using more devices, the gorillas may die out soon.

□問2 絶滅の危機にさらされている動物を守るべき理由を説明した日本語を完成しなさい。

ある種が絶滅するということは，その種の持つ①(　　　　)の中での役割がなくなるということで，それは，②(　　　　)を含むすべての生き物に③(　　　　)から。

問1	①			②	
問2	①			②	
	③				

9 自分にとって何をするのが大切かを相手に伝えるとき，どのように英語で表しますか。7語以上の英文を書きなさい。 （6点）

□

解答 p.27

定期テスト 予想問題 教科書 p.52～56

定期テスト前に予想問題で実力を確かめよう！

Let's Read 1

時間 15分　　　/100

1 (　　)内の語を正しい形にしなさい。ただし，変える必要がない場合もある。　(5点×4)

□(1) Ann (have) never tried *ikebana*.

□(2) It has (be) sunny for three days.

□(3) Let the students (practice) in the gym.

□(4) The book is worth (read).

(1)	
(2)	
(3)	
(4)	

2 日本語に合う英語になるように，______に正しい語を入れなさい。　(6点×4　完全解答)

□(1) 彼はたった今その知らせを聞いたところです。

He has _______ _______ the news.

□(2) 私はまだだれにも自己紹介をしていません。

I _______ _______ myself to anyone _______.

□(3) 昨日からこの部屋を使っているのはだれですか。

Who _______ _______ this room _______ yesterday?

□(4) 彼らは平和な日々をおくりました。

They _______ _______ their days in peace.

(1)				(2)			
(3)				(4)			

3 次の文を(　　)内の指示に従って書きかえるとき，______に入る最も適切な語を書きなさい。

(8点×2　完全解答)

□(1) The girl has held the baby for an hour. (下線部が答えの中心となる疑問文に)

→ _______ _______ _______ the girl held the baby?

□(2) We will help you give a speech in English.　(ほぼ同じ意味の文に)

→We will help _______ _______ _______ a speech in English.

(1)			
(2)			

4 文章を読んで，あとの問いに答えなさい。　（8点×5）

約70年前，広島に原爆が落とされました。その日のようすを見ていた木が回想します。

Night came.　Some people were already dead.　I heard a weak voice.　It was a lullaby.　A young girl was singing to a little boy.

"Mommy!　Mommy!" the boy cried.

"Don't cry," the girl said.　"Mommy is here."　Then she began to sing again.

She was very weak, but she tried to be a mother to the poor little boy.　She held him in her arms like a real mother.

"Mommy," the boy was still crying.

"Be a good boy," said the girl.　"You'll be all right."　She held the boy more tightly and began to sing again.

After a while, the boy stopped crying and quietly died.　But the little mother did not stop singing.　It was a sad lullaby.　The girl's voice became weaker and weaker.

問１　本文の内容について，質問に英語で答えなさい。

□(1)　Did the tree see any dead people before night came?

□(2)　What did the girl want to be to the little boy?

□(3)　What happened to the girl's voice after the boy died?

□問２　本文の内容と合う文を２つ選んで，記号で答えなさい。

ア　The little boy kept talking to the girl.

イ　Both the little boy and the young girl were quite weak.

ウ　The girl helped the boy feel better by calling the boy's name.

エ　The girl stopped singing because the boy stopped crying.

オ　The boy died in the girl's arms.

問１	(1)	
	(2)	
	(3)	
問２		

解答 p.28

Unit 4

時間 30分 /100

1 これから対話を読みます。それを聞いて，ケイタ(Keita)とリサ(Lisa)とユカ(Yuka)はどれか，それぞれア～カの絵の中から選んで，記号で答えなさい。 (2点×3)

□

ア

イ

ウ

エ

オ

カ

ケイタ		リサ		ユカ	

2 これからタクミ(Takumi)と外国人観光客のエレン(Ellen)との町中での対話を読みます。それを聞いて，対話の内容に合っている英文をア，イ，ウ，エ，オの中から2つ選んで，記号で答えなさい。 (2点×2)

□

ア Ellen doesn't know the way to Sakura Museum.
イ There is information about Sakura Museum written in English.
ウ Takumi and Ellen will walk to Yamato Park.
エ Takumi will carry Ellen's bag for her.
オ Ellen has some heavy bags.

3 （　　）に入る正しい語を選んで書きなさい。　（２点×４）

□(1) Tell me (how, what) you came here today.

□(2) There was a man (giving, given) me some advice.

□(3) The food (storing, stored) in the box is enough.

□(4) He bought an emergency kit (in, at) case of an earthquake.

(1)	
(2)	
(3)	
(4)	

4 日本語に合う英語になるように，＿＿＿に正しい語を入れなさい。　（３点×４　完全解答）

□(1) あなたは彼が何匹ネコを飼っているか知っていますか。

Do you know ＿＿＿ ＿＿＿ cats he ＿＿＿ ?

□(2) 多くの外国人が私たちの市で開かれた訓練に参加しました。

Many foreign people joined the drill ＿＿＿ ＿＿＿ our city.

□(3) ついに，私たちは最新の情報を手に入れました。

＿＿＿ , we got the ＿＿＿ information.

□(4) この果物は酸っぱすぎて食べられません。

This fruit is ＿＿＿ sour ＿＿＿ ＿＿＿ .

(1)				(2)			
(3)				(4)			

5 ２文の意味に合う１文になるように，＿＿＿に正しい語を入れなさい。

（４点×２　完全解答）

□(1) Look at that boy. He is crying.

→Look at ＿＿＿ ＿＿＿ ＿＿＿.

□(2) The flower is beautiful. It is seen on the mountain.

→The ＿＿＿ ＿＿＿ ＿＿＿ the mountain is beautiful.

(1)			
(2)			

解答 p.28

6 日本語に合う英語になるように，語句を正しく並べかえなさい。 （4点×4）

□(1) 彼女はあなたに，いつあなたが戻ることができるか言いましたか。

you / did / back / you / go / tell / can / when / she / ?

□(2) 私たちによって行われた調査は，旅行者にとって役に立ちます。

us / to / done / helpful / by / is / travelers / the survey / .

□(3) 私は通りすぎようとしている女の子にどこへ行くべきかをたずねました。

go / by / to / I / a girl / where / asked / passing / .

□(4) あなたはアンに一緒に行ってほしいですか。

like / you / go / would / with / to / Ann / you / ?

(1)	
(2)	
(3)	
(4)	

7 対話文を読んで，あとの問いに答えなさい。 （5点×2）

A: Excuse me. Can I help you?
B: Oh, yes, please. Do you know where Midori City Hotel is?
A: Midori City Hotel? Yes. Shall I take you there?
B: Thank you. That's very kind of you.
A: Would you like me to carry your umbrella or something?
B: Oh. Thank you very much.

□問 AはBに対してどのような手助けをするつもりですか。２つ日本語で書きなさい。

問	

8 文章を読んで，あとの問いに答えなさい。 （6点×5）

Every year, more and more foreign people are coming to live in Japan. The number of tourists visiting Japan is growing, too. Many of them don't know what to do in an earthquake. It's necessary for us to be prepared to help them.

Wakaba City had an evacuation drill for foreign residents and visitors yesterday. In the drill, they experienced some simulations and learned how they can protect themselves. They followed instructions given in English and easy Japanese.

The city handed out an evacuation map made by Wakaba Junior High School students. The map uses simple symbols and pictures. It shows people where they should go in a disaster.

□問1 下線部の意味を，themが何を指しているか具体的に示して日本語で書きなさい。

□問2 若葉市が開いた避難訓練を説明した日本語を完成しなさい。

外国人のための訓練なので，①(　　　　)で指示をし，彼らがいくつかのシミュレーションを経験したり，②(　　　　)を学ぶことのできるものである。

□問3 本文の内容と合うように，______に正しい語を入れなさい。 （②は完全解答）

The foreign residents and visitors in Wakaba City can get an evacuation map. The simple symbols and pictures ① ______ on the map are helpful to foreign people. They can understand ② ______ ______ go in a disaster.

問1						
問2	①			②		
問3	①			②		

9 相手の言っていることの意味がわからないことを伝えるとき，どのように英語で表しますか。5語以上の英文を書きなさい。 （6点）

□

解答 p.28

定期テスト前に予想問題で実力を確かめよう！

Unit 5

時間 30分

/100

1 これから(1)から(3)まで３つの英文を読みます。それを聞いて，英文の内容に合っている絵を，それぞれア，イ，ウ，エの中から選んで，記号で答えなさい。　（２点×３）

□(1)

ア

イ

ウ

エ

□(2)

ア

イ

ウ
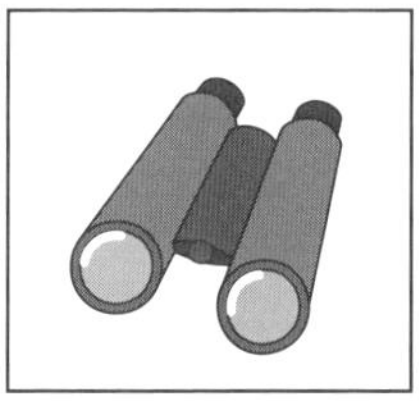

エ

□(3)

ア

イ

ウ

エ

(1)		(2)		(3)	

2 これからマサオ(Masao)の書いた英文の一部を読みます。それを聞いて，下の質問に対する答えとして適切なものを，それぞれア，イ，ウ，エの中から選んで，記号で答えなさい。

□(1) What was a young woman doing?　（２点×２）

ア　She was painting a picture of Tokyo Skytree.

イ　She was shopping at a shop.

ウ　She was taking a photograph of Tokyo Skytree.

エ　She was taking a photograph of her friends.

□(2) What did a man want to do?

ア　He wanted to look at the artist's paintings.

イ　He wanted to know how to get to the station.

ウ　He wanted to know what to buy.

エ　He wanted Masao to carry his shopping bag.

(1)	
(2)	

3 (　　)に入る正しい語を選んで書きなさい。 (3点×4)

□(1) Kei is a lawyer (who, which) helps foreigners.

□(2) This is a story (who, which) keeps us positive.

□(3) I like the dog (who, which) I saw at the park.

□(4) (In, At) those days, they were very poor.

(1)	
(2)	
(3)	
(4)	

4 日本語に合う英語になるように，_____に正しい語を入れなさい。 (3点×4　完全解答)

□(1) あなたにはインドで生まれた友達がいますか。

Do you have any friends _____ _____ _____ in India?

□(2) その日，その神社を何千もの人々が訪れました。

On that day, _____ _____ people visited the shrine.

□(3) ネルソン・マンデラは多くの支持者が尊敬する有名な指導者です。

Nelson Mandela is a famous _____ many _____ respect.

□(4) これは私たちが昨日聞いたニュースです。

This is the _____ _____ _____ heard yesterday.

(1)				(2)			
(3)				(4)			

5 ほぼ同じ意味の文になるように，関係代名詞を用いて_____に正しい語を入れなさい。

(4点×2　完全解答)

□(1) I have a lot of things to do today.

→I have a lot of things _____ _____ _____ do today.

□(2) Lisa is the girl reading a book over there.

→Lisa is the _____ _____ _____ reading a book over there.

(1)			
(2)			

解答 p.29

6 日本語に合う英語になるように，語句を正しく並べかえなさい。 （4点×3）

□(1) これは彼が私たちのために残した遺産ですか。
he / this / us / left / is / for / the legacy / ?

□(2) 私は抗議するために断食をした人を知っています。
know / on / protest / who / to / the person / went / I / fasts / .

□(3) 私たちは人々を怒らせた法律を取り除きました。
which / removed / angry / made / the law / people / we / .

(1)	
(2)	
(3)	

7 対話文を読んで，あとの問いに答えなさい。 （5点×3）

Asami: Nice presentation, Josh. That was interesting.
Josh: Thanks. Gandhi is a man who has influenced a lot of people around the world.
Asami: He worked for Indian independence, right?
Josh: Yes. Do you know how he did it?
Asami: Non-violence?
Josh: Right. He never used violence, so he's still respected by people who fight for human rights.

□問1 本文の内容と合うように，______に正しい語を入れなさい。 （①は完全解答）
Gandhi is the man ① ______ ______ for Indian independence. He did it ② ______ using violence.

□問2 本文の内容について，質問に答えなさい。
Who still respects Gandhi?

問1	①			②	
問2					

8 文章を読んで，あとの問いに答えなさい。 （5点×5）

Gandhi moved to South Africa to work as a lawyer in 1893. It was under British rule at that time and there was a lot of discrimination. For example, Indians could not go out at night freely or walk on the sidewalk. There were also hotels that did not accept Indian guests.

In 1906, the British made a law that was even more unfair to Indian people. Indians in South Africa got angry and stood up against the law. Gandhi decided to lead a movement to protect their rights. His message was “Don't follow the law, but don't use violence, even if you are arrested.” Soon the jails became full of Indians, and Gandhi himself was sent there.

Finally, in 1914, after many years and much effort, the law was removed. It showed that non-violent movements can be effective.

□問1　インド人に対する差別はどのようなものですか。3つ日本語で書きなさい。

□問2　下線部のような状況になった理由を説明した日本語を完成しなさい。

自分たちの①（　　　　）ためにガンディーの率いる運動に参加し，②（　　　　）インド人がたくさんいたから。

問1				
問2	①		②	

9 看護師はどのような仕事をする人かを説明するとき，どのように英語で表しますか。8語以上の英文を書きなさい。 （6点）

□

解答 p.29

定期テスト前に予想問題で実力を確かめよう！

Unit 6

時間 30分 /100

1 これから(1)から(3)までの３つの対話を読みます。それを聞いて，対話の内容に合っている絵をア，イ，ウ，エ，オ，カの中から選んで，記号で答えなさい。 （2点×3）

ア

イ

ウ

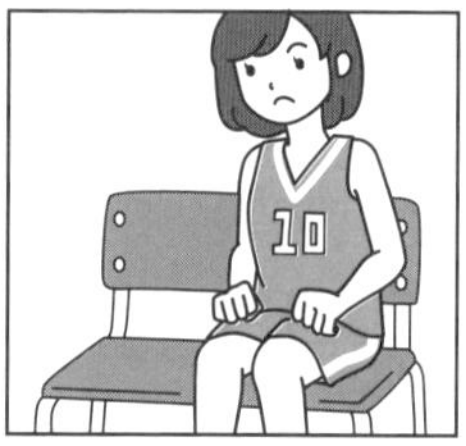

エ

オ

カ

□(1)	
□(2)	
□(3)	

2 これから(1)と(2)の２つの英文を読みます。それを聞いて，下の文がその英文の内容と合う文になるように，(　　)に入るものをそれぞれア，イ，ウの中から選んで，記号で答えなさい。 （2点×2）

□(1) Last Sunday, (　　　　).

ア Kenji enjoyed the soccer game with Ann and Tom

イ Tom didn't come to the stadium

ウ Ann bought soccer goods for Tom

□(2) Eri bought the bag (　　　　).

ア the clerk showed her

イ which had some pockets

ウ Eri liked the best

(1)		(2)	

3 (　　)に入る正しい語を選んで書きなさい。　(3点×4)

□(1) I wish I (am, were) rich.

□(2) If he (read, reads) the book, he could find the answer.

□(3) If you had time, what (will, would) you do?

□(4) Do you know the girl (with, at) long hair?

(1)	
(2)	
(3)	
(4)	

4 日本語に合う英語になるように，＿＿に正しい語を入れなさい。　(3点×4　完全解答)

□(1) 彼らは国境を越えてキャンペーンを主催しています。

They are ＿＿＿ a campaign ＿＿＿ borders.

□(2) 何人かの人々はこのように感じています。

Some people feel ＿＿＿ ＿＿＿.

□(3) 今のところ，およそ100人の生徒がノートを寄付しています。

＿＿＿ ＿＿＿, about 100 students have donated notebooks.

□(4) あなたの援助は私によりよいアスリートになるように促《うなが》しました。

Your help ＿＿＿ me ＿＿＿ become a better athlete.

(1)			(2)		
(3)			(4)		

5 ほぼ同じ意味の文になるように，＿＿に正しい語を入れなさい。　(4点×2　完全解答)

□(1) I am sorry that I cannot go with you.

→I ＿＿＿ I ＿＿＿ go with you.

□(2) If we had time, we could watch the movie.

→We ＿＿＿ watch the movie because we ＿＿＿ have time.

(1)		
(2)		

解答 p.30

6 日本語に合う英語になるように，語句を正しく並べかえなさい。 （4点×3）

□(1) そのコンテストに参加できればなあ。
could / wish / the contest / I / join / I / .

□(2) もしリョウがここにいれば，彼は夕食の用意ができているだろうに。
were / dinner / would / for / here / if / ready / he / be / Ryo / , / .

□(3) あなたが私たちを支援しなければ，私たちは生き残れないだろうに。
support / if / couldn't / didn't / we / survive / you / us / , / .

(1)	
(2)	
(3)	

7 対話文を読んで，あとの問いに答えなさい。 （5点×3）

Asami: I think it's better to buy domestic vegetables because of food miles. We need to protect the environment.
Meg: I see your point, but we need to save money, too. Imported vegetables are often cheaper.
Kaito: I agree with Meg. Besides, we can enjoy a wider variety of vegetables.
Josh: I'm not sure about that. The variety of domestic vegetables is growing.

□問１ 本文の内容と合うように，______に正しい語を入れなさい。
Meg and Kaito ① _______ with Asami. They think it's better to buy ② _______ vegetables.

□問２ 下線部の意味をthatが何を指しているか具体的に示して日本語で書きなさい。

問１	①		②	
問２				

8 文章を読んで，あとの問いに答えなさい。 （5点×5）

Like most countries, Japan depends on foreign trade for its survival. Many things that we see every day come from overseas, such as food and clothes. For example, one-third of the chicken that we eat comes from other countries, like Brazil and Thailand. If we didn't import chicken from these countries, fried chicken would be quite expensive in Japan. We depend on foreign countries even more for beef and pork.

Also, about 90 percent of our clothes, shirts, pants, and coats, for example, are imported from China and other Asian countries. Actually, many products that are sold by Japanese companies are made in other countries. Electronic devices are no exception. We're surrounded by imported products in our daily lives.

□問1 本文の内容と合うように，＿＿に正しい語を入れなさい。

We ① ＿＿ one-third of the chicken that we eat from other countries. So, fried chicken sold in Japan isn't very ② ＿＿. We also depend on foreign trade for other kinds of ③ ＿＿, like beef and pork. Not only food ④ ＿＿ also clothes come from other countries. So we can find a lot of imported products around us.

□問2 下線部の1文はどのようなことを表しているか具体的に示して日本語で書きなさい。

問1	①		②	
	③		④	
問2				

9 もし空気がなければ，私たちはどうなるかを言うとき，どのように英語で表しますか。7語以上の英文を書きなさい。 （6点）

□

定期テスト予想問題

解答 p.30

定期テスト 予想問題 教科書 p.106～109

定期テスト前に予想問題で実力を確かめよう！

Let's Read 2

時間 15分　/100

1 (　　)内の語を正しい形にしなさい。ただし，変える必要がない場合もある。　(5点×4)

□(1) I wish I (learn) how to use a computer.

□(2) If it (be) your birthday, I would buy it for you.

□(3) If your mother got sick, what (can) you do?

□(4) If you (put) the box there, it would fall.

(1)	
(2)	
(3)	
(4)	

2 日本語に合う英語になるように，_____に正しい語を入れなさい。　(6点×4　完全解答)

□(1) 私たちはそのダムが作られて何年になるか知りません。

We don't know ______ ______ the dam is.

□(2) あなたはどこでスマートフォンの充電をするのか教えてください。

Tell me ______ ______ ______ your smartphone.

□(3) 私たちは100年後には化石燃料を使い果たすかもしれません。

We may ______ ______ ______ fossil fuels in 100 years.

□(4) 何か話したいことがあるのですか。

Is ______ ______ you want to talk?

(1)				(2)			
(3)				(4)			

3 英語の意味を日本語で書きなさい。　(8点×2)

□(1) If you had to live without electricity, what would you do?

□(2) I wondered how much energy we use from nuclear power.

(1)	
(2)	

4 文章を読んで，あとの問いに答えなさい。 （8点×5）

Research in other renewable energy technologies is progressing. Already, Denmark gets forty percent of its electricity from wind power. One quarter of the electricity used in Iceland comes from the natural heat in the ground. People around the world are working to solve our energy problems.

Reyhan Jamalova is one of those people. Reyhan is a student in Azerbaijan. When she was fifteen, Reyhan invented a device to make electricity from rain. Reyhan's device can power 22 LED lamps for 50 seconds. Each device uses only 7 liters of rainwater. Its battery can store power to use later. Reyhan says she created the device to help poor people, especially in rainy countries. Her device is not expensive. It does not even need power lines. It can help many people get electricity.

問1 本文の内容について，質問に英語で答えなさい。

□(1) What kind of renewable energy is used in Iceland?

□(2) What does Reyhan's device need to make electricity?

□(3) Why did Reyhan create the device?

□問2 本文の内容と合うものを２つ選び，記号で答えなさい。

ア More than half of the electricity used in Denmark comes from wind power.

イ Reyhan Jamalova is a scientist who works to solve energy problems.

ウ Reyhan invented the device with battery that can store power.

エ Reyhan's device doesn't need a lot of money to make.

オ Reyhan invented the device which has special power lines.

問1	(1)	
	(2)	
	(3)	
問2		

解答 p.31

定期テスト 予想問題 教科書 p.110〜113

定期テスト前に予想問題で実力を確かめよう！

時間 15分 ／100

Let's Read 3

1 (　　)に入る正しい語を選んで書きなさい。 (4点×4)

□(1) Vegetables (who, which) grew here were precious.

□(2) Is this the man (that, which) you have looked for?

□(3) She is a teacher (who, which) has influenced me.

□(4) When did the man (take, get) fired?

(1)	
(2)	
(3)	
(4)	

2 日本語に合う英語になるように，______に正しい語を入れなさい。 (5点×6　完全解答)

□(1) 私は逃《に》げていく犬を見ました。

I saw a dog ______ was ______ ______ .

□(2) 毎日運動をすることが大きなちがいを生むでしょう。

Working out every day will ______ ______ the ______ .

□(3) あなたが何を考えているか私たちは見当もつきません。

We ______ ______ ______ what you are thinking.

□(4) 私は彼がなぜ中退したかを知りませんでした。

I didn't know why he ______ ______ .

□(5) 死にたいと思う人は1人もいません。

No ______ ______ to die.

□(6) 私は同じことをあなたに望みます。

I wish ______ ______ for you.

(1)			
(2)			
(3)			
(4)			
(5)			
(6)			

3 英語の意味を日本語で書きなさい。 （7点×3）

□(1) The advice he gave me is always in my heart.
□(2) Jobs is a person that was successful early in life.
□(3) You will get better and better as the time goes on.

(1)	
(2)	
(3)	

4 日本語に合う英語になるように，語句を正しく並べかえなさい。 （8点×3）

□(1) 将来この経験が，何らかの形であなたを助けると期待してください。
somehow / that / will / in the future / trust / help / this experience / you / .
□(2) 私の興味の中心はそのときになくなりました。
interest / of / then / was / my / gone / the focus / .
□(3) そのときは気づかなかったけれども，自分の心に従うことはいちばんよい決定でした。
my heart / see / the best / though / was / then / decision / didn't / following / it / I / , / .

(1)	
(2)	
(3)	

5 相手に対してアドバイスがあることを伝えるとき，どのように英語で表しますか。
５語以上の英文を書きなさい。 （9点）

□

解答 p.32

解答と解説

英語３年

ワーク&テスト

Unit 0

Scene

基本ワーク

p.4 ～ 5

❶ (1) It is said that

(2) a / variety of

❷ (1) コテツと呼ばれています

(2) 日本で作られているの[日本製]ですか

(3) 保存されるべきです

❸ (1) He is known as a famous writer.

(2) The festival will be held next month.

教科書内容の確認

(1) ○　(2) ×

解説

❷ (1) 〈call + A + B〉「AをBと呼ぶ」のAの部分を主語にし，受け身の形にする。

(3) shouldは「…すべきだ」という意味の助動詞。受け身なので「…されるべきだ」となる。

❸ (1) knowの過去分詞はknown。

(2) willは助動詞なので受け身の文は〈will be + 過去分詞〉になる。heldはholdの過去分詞。

教科書内容の確認

(1) 「中国語は世界で最も使われています」という意味。

(2) 「ほかの言語を学ぶことは，よりよい仕事を得るための助けにならないでしょう」という意味。

Unit 1

Scene ①

基本ワーク

p.6 ～ 7

❶ (1) have played / before

(2) has watched / twice

(3) have visited / three times

❷ (1) have made / many times

(2) have helped / once

(3) has never visited

❸ (1) Eri has joined the festival before.

(2) I have never seen him.

教科書内容の確認

(1) ○　(2) ×

解説

❶ (2) Johnは三人称単数なので〈has + 過去分詞〉。

❷ (3) never「今までに一度も…しない」は過去分詞の直前に置き，否定の意味になる。

教科書内容の確認

(1) 「ジョシュは柔道がパラリンピックスポーツの１つであることを知っています」という意味。

(2) 「ジョシュは5つより多くのパラリンピックスポーツに興味があります」という意味。

Scene ②

基本ワーク

p.8 ～ 9

❶ (1) Have / used / have

(2) Has / tried / has

(3) Have / had / haven't

❷ (1) Have / seen / haven't / seen

(2) Have / been to / have

❸ (1) Have you ever heard of the event?
(2) Has he ever learned Japanese?

教科書内容の確認

(1) ×　(2) ○

解説

❷ (1) seeの過去分詞はseen。haven'tはhave notの短縮形。

❸ (1)(2) everは疑問文の中で「今まで，かつて」の意味。過去分詞の直前に置く。

(1) hearは過去形，過去分詞ともにheard。

教科書内容の確認

(1) 「ジョシュはたくさんの車いすテニスの試合に行ったことがあります」という意味。

(2) 「朝美はジョシュのお気に入りの車いすテニスの選手について知りませんでした」という意味。

Read and Think ①

基本ワーク p.10 ～ 11

❶ (1) made / sad　(2) made / happy
(3) made / tired

❷ (1) calls　(2) make / excited
(3) keep / positive

❸ (1) The event made her famous.
(2) What made you so sad?

教科書内容の確認

(1) was amazed
(2) keeps / positive

解説

❶ 「…を～にする」は〈make＋名詞＋形容詞〉の形。形容詞の部分に「悲しい」sad，「幸せな」happy，「疲れた」tiredをそれぞれ入れる。また，「～にしました」と過去なのでmakeをmadeにする。

❸ (2) 「何があなたをそんなに悲しませたのですか」と考え，whatが主語の疑問文にする。

教科書内容の確認

(1) 「朝美は国枝さんの試合の映像を見たとき，どう感じましたか」「彼女は驚かされました」という意味。

(2) 「上地さんはプレーするときに，なぜほほえみ続けたいと思うのですか」「それで彼女は前向きでいられるからです」という意味。

Read and Think ②

基本ワーク p.12 ～ 13

❶ (1) shows / that　(2) tells / that
(3) taught / that

❷ (1) shows / that　(2) told / that

❸ (1) Yuka taught me that cooking was fun.
(2) He didn't tell us that the quiz was easy.

教科書内容の確認

(1) ○　(2) ○

解説

❶ (1) 動詞は「(人)に…を示す」のshowを使う。that節以下が最上級の文になっている。

❷ (2) 「～と言いました」なのでtellを過去形toldにする。

教科書内容の確認

(1) 「石井さんの会社はアスリートに適した特別な車いすを作りました」という意味。

(2) 「車いすはアスリートの人生において重要な役割を果たしています」という意味。

Unit 0・1　総合問題 p.14 ～ 15

1 (1) has　(2) helped　(3) held
(4) him

2 (1) on　(2) at　(3) out
(4) with

3 (1) I've / heard
(2) Have / ever seen / have
(3) made / tired　(4) tell / that

4 (1) He has been to the school festival.
(2) What made John so happy?
(3) The article shows us that the wheelchair is stylish.

5 (1) ときどき，人々が車いすに乗ってテニスをすることは驚くべきことだと言うこと。

(2) 楽しむこと／したり見たり／幸せで前向き

解説

2 (1) on TV「テレビで」

(2) be amazed at「…に驚かされる」

(3) check ... out「…を調査する」

(4) be satisfied with「…に満足する」

3 (1) 空所が一つなのでI haveの短縮形I'veにする。「…について聞く」はhear of。hearの過去分詞はheard。

(3) 主語はWalking long time「長時間歩くこと」。

5 (1) Itは直前の文の内容を指している。

Let's Write ①

p.16 ～ 17

❶ ① Dear　② fan　③ hope

④ All

❷ ① was impressed with

② have a question

③ how did you feel

④ write me back

解説

❶ ①④ 大文字で書きはじめることに注意。

③ hope toは「…したい」。

❷ ③ 「どう，どんなふうに」はhowを使った疑問文にする。

Let's Listen ①

p.18 ～ 19

【練習１】

(1) （ジャック） 冬

特別な新年の行事がたくさんあるから。

(2) （お母さん） 秋

葉が赤や黄色になって，お寺の木々が美しいから。

【練習２】

New Year's events / winter / autumn

because / red and yellow

❶ (1) （マイク） （北海道の）動物園

とても独特だから。

（リカ） （沖縄の）水族館

多くの興味深い海の生き物を見ることができるから。

(2) Mike's / 例）summer in Hokkaido is not so hot.

Rika's / 例）I like living things in the sea, and I want to take pictures there.

❷ (1) （トム） 新幹線　車窓から美しい都市や山の景色を見ることができて楽しい。

（リサ） 飛行機　新幹線より速いし，機内で特別グッズを買えるから。

(2) Tom's / 例）I want to see Mt. Fuji from *shinkansen*.

Lisa's / 例）I have never taken an airplane, so I want to try it.

解説

❶ (1) マイクの１番めの発言に着目。理由はbecause ...で言っている。unique「特有の，独特な」。リカの３番めの発言に着目。理由はWe can ...で言っている。aquarium「水族館」

❷ (1) トムの理由は３番めの発言we can ...参照。リサの理由は３番めの発言It's faster ...参照。faster than ...「…よりも速い」

練習１・２【放送台本】

(1)

Jack : Mom, we are going to visit Kyoto this year, right?

Mother : That's right. Your father will take us there.

Jack : Great! When can we go? There are a lot of special New Year's events at the temples, so I'd like to visit during winter and join them.

(2)

Mother : Sounds interesting. I think autumn is the perfect season because the leaves turn red and yellow then. So the trees at the temples are beautiful.

Jack : That's right. When does dad want to go?

Mother : Well, let's ask him when he comes home today.

❶【放送台本】

Rika : Mike, do you have any plans for summer vacation?

Mike : Yes, I'm going to visit Asahikawa in Hokkaido with my family. We will visit the zoo in the city because it is very unique.

Rika : Sounds fun.

Mike : Well, how about you, Rika?

Rika : I'm going to go to Okinawa. I'm looking forward to visiting the aquarium there. We can see a lot of interesting living things in the sea.

Mike : And you can enjoy swimming, right?

Rika : Well, I don't think so. It's too hot in Okinawa in summer.

Mike : I see. I'm sure we can have a great time this summer.

Rika : That's right. I can't wait!

❷【放送台本】

Tom : Look, Lisa. I think this bag is good for our grandmother.

Lisa : That looks nice. She will like it. You know, we will visit her in Hakata next month.

Tom : Yeah, how should we go there? How about going by *shinkansen*?

Lisa : Oh, no. I don't want to take that.

Tom : Why not? It runs from Tokyo to Hakata, and we can enjoy seeing beautiful scenes of cities and mountains from the window. It's fun.

Lisa : I want to go by airplane. It's faster than the *shinkansen* and we can buy special goods on the airplane.

Tom : You really like shopping, Lisa. Well, let's ask our parents about that.

Unit 2

Scene ①

基本ワーク p.20 ～ 21

❶ (1) just read (2) already cooked
(3) cleaned / yet

❷ (1) もう[すでに]その窓を開けました
(2) もう[すでに]顔を洗いましたか
(3) まだ[今のところ]自分の宿題を終えていません

❸ (1) We have already arrived at the park.
(2) She has not seen Tom yet.

教科書内容の確認

(1) Yes / has
(2) On Sunday morning

解説

❷ (2) 疑問文のyetは「もう」の意味。
(3) 否定文のyetは「まだ」の意味。

教科書内容の確認

(1) 「メグはもう英語の宿題を終えましたか」「はい，終えました」という意味。
(2) 「海斗はいつメグに手紙の返事を書きましたか」「日曜の朝です」という意味。

Scene ②

基本ワーク p.22 ～ 23

❶ (1) lived / since (2) used / for
(3) studied / since

❷ (1) Have / for / have
(2) How long / Since

❸ How long have you waited for the bus?

教科書内容の確認

(1) Five / ago (2) Since / read

解説

❷ (1) Have you ...? とたずね，Yes, I have. と答えるやりとり。
(2) How long ...? とたずね，Since he was .... と答えるやりとり。

教科書内容の確認

(1) 「ベーカー先生はいつ日本に来ましたか」「5年前です」という意味。
(2) 「ベーカー先生はどれくらい長く芭《ば》蕉《しょう》が好きですか」「彼がはじめて芭蕉の俳句を読んだときからです」という意味。

Read and Think ①

基本ワーク p.24 ～ 25

❶ (1) been using / for
(2) has been playing / since
(3) been snowing for

❷ (1) been writing / for
(2) have / been practicing
(3) have been / since

❸ He has been teaching math since 2010.

教科書内容の確認

(1) has been reading
(2) A seasonal word

解説

❶ (1)(3) an hour, three days など，期間の長さを表す語句にはforを使う。
(2) one o'clock など，過去のある時点を表す語句にはsinceを使う。

❷ (2) How longのあとに現在完了進行形の疑問文を続ける。

教科書内容の確認

(1) 「メグは午前10時から何をしていますか」「彼女はずっと本を読んでいます」という意味。
(2) 「俳句には何を含めなければなりませんか」「季語です」という意味。

Read and Think ②

基本ワーク p.26 ～ 27

❶ (1) attractive that (2) so fast
(3) so hot that

❷ (1) not only / but also
(2) so high that

❸ (1) He is not only strict, but kind.
(2) The book is so easy that I can read it.

教科書内容の確認

(1) ○　(2) ○

解説

❶ 「とても…なので～です」のときの「とても」にveryは使わない。

❸ (1) 語句の中にalsoがないので，alsoが省略された〈not only ... but ～〉の形と考える。「厳しい」strict，「親切な」kind

教科書内容の確認

(1) 「日本国外の人々は俳句にとても興味があります」という意味。
(2) 「ベーカー先生は俳句のウェブサイトにアクセスすることは英語を学ぶのに役に立つだろうと考えています」という意味。

Unit 2　総合問題

p.28 ～ 29

1 (1) already　(2) yet　(3) since
(4) talking

2 (1) brought　(2) wait
(3) not only / but also
(4) so / that / can't［cannot］

3 (1) hasn't used / yet
(2) How long have
(3) been watching / since

4 (1) Ann has just called her mother.
(2) We have wanted a dog for a long time.
(3) Have they been studying since noon?

5 (1) 文章で書かれておらず，数語だけ使う点。
韻をふむ必要はない点。
季語を含まなければならない点。
(2) リズムがとても大切な点。

解説

3 (1) 空所の数からhas notの短縮形hasn'tにする。yetは否定文で「まだ」の意味。

5 (1) 本文のFirst, ... Second, ... Third, ...の部分の内容をまとめる。
(2) On the other hand「他方では」に続く文に着目する。

Let's Talk ①

p.30 ～ 31

❶ ① Welcome　② Feel　③ hear

❷ ① Have you ever been
② forward to visiting
③ hope you enjoy

解説

❶ ②③ feel free to「遠慮なく…する」，be happy to「…してうれしい」のあとは動詞の原形を置く。

❷ ② look forward to「…を楽しみに待つ」のあとは名詞［動詞の-ing形］が続く。

Grammar for Communication ①

p.32 ～ 33

❶ (1) stayed　(2) has　(3) been
(4) practicing

❷ (1) ever　(2) already　(3) yet
(4) since

❸ (1) have been to / times
(2) haven't read / yet
(3) How long / been
(4) has been using

❹ (1) Ms. Smith has never joined the festival.
(2) Have you talked with your father yet?
(3) What have they been doing since noon?

解説

❷ (4) sinceは〈since＋主語＋動詞...〉の形でも，〈since＋名詞〉の形でも用いることができる。

❸ (3) He is a fan of the athlete.をHow longを使った現在完了形の疑問文にする。isは過去分詞beenにする。

Let's Listen ②

p.34 ～ 35

【練習１】

⑴　イ，ウ

⑵　①　自分の家族や友だちより大切になる

②　学校に行かなくなる

【練習２】

two hours / three hours / important

family or friends / school

❶　⑴　①　ウ　　②　ア　　③　イ

⑵　年配の人たち／中学校／夜(間)

❷　⑴　①　2019　　②　3,700　　③　無料

④　数百円　　⑤　問題があれば，子ども食堂の人々が助けようとすることができる

⑵　ウ

解説

❶　⑴　If people can't go to school to study から become poor. までの部分を聞き取る。

⑵　old people「年配の人々」，junior high school「中学校」，at night「夜に」

❷　⑴　①②　In 2019 ...の文を聞き取る。

⑤　if the children have a problem ... の文参照。

練習１・２【放送台本】

⑴　Do you often use computers or smartphones? Many people in the world use them for a long time every day. In Japan, people use computers to get information or for shopping for more than two hours a day. Also, people use them to play games for more than three hours.

⑵　If you play online games too much, you may become sick. Then, you may think playing games is more important than your family or friends. Some students don't go to school because they want to play games. It is a serious problem. Using computers and smartphones is very helpful and fun, but we need to use them very carefully.

❶【放送台本】

In Japan, most children study at school or at home. However, many children around the world can't go to school. 1 in 6 children in the world can't go to school, and 1 in 6 people can't read or write. If people can't go to school to study, they can't read or write. Then, they can't get a good job and become poor. So, their children also can't go to school. This problem is not just about poor countries. Some old people in Japan can't read or write, too. When they were children, they couldn't go to school because of war. They had a difficult time. Now, there are some junior high schools for those people. They go to those schools and study at night. We need to learn a lot of things to have a good life. We should all do something about this problem.

❷【放送台本】

Have you ever heard of the Children's Cafeteria? We call it "Kodomo Shokudo" in Japanese. It started in 2012, and soon became popular. In 2019, there were more than 3,700 Children's Cafeterias. At the cafeteria, children in need can get food. They don't need to pay. Their parents can also come. The parents only need to pay a few hundred yen. They can enjoy eating with other people there. Also, if the children have a problem, the people there can try to help them. But the Children's Cafeteria needs more money and food to help children. They need money the most, and then vegetables. If you want to help them, please visit the Children's Cafeteria website of your city or town and send them some money or food.

Unit 3

Scene ①

基本ワーク p.36 ～ 37

❶ (1) It / difficult / to
(2) It / fun for / to
(3) It / interesting for / to
❷ (1) It / not / to
(2) It / important for / to
❸ (1) It is good to get up early.
(2) It is necessary for you to read books.

教科書内容の確認

(1) ○　(2) ×

解説

❶ 〈It is ... for＋人＋to＋動詞の原形〉の文にする。for ～で表される「人」がto以下の行動をする。for ～は「～には」「～にとって」や「～が」などの意味に考える。
❸ (1) get up「起きる」をtoのあとに置く。

教科書内容の確認

(1)「多くの種類の動物の数が減少しています」という意味。
(2)「私たちが世界で絶滅の危機にさらされている動物を救うことは簡単です」という意味。

Scene ②

基本ワーク p.38 ～ 39

❶ (1) to sing　(2) want / to cook
(3) want Riku / join
❷ (1) 私はこの本が読みたいです。
(2) 私はあなたにこの本を読んでほしいです。
(3) 彼は私にこの本を読むように言いました。
❸ (1) He always tells us to learn history.
(2) What do you want me to do?

教科書内容の確認

(1) No / didn't　(2) No / haven't

解説

❶ 〈I want＋人＋to ....〉の文にする。「人」がto...の行動をすることを望むという文。
❷ (3) 〈tell＋人＋to ...〉は「人に…するように言う」という意味。toldはtellの過去形。このtellは，「指示する」という意味に近い。

教科書内容の確認

(1)「海斗は国際自然保護連合のレッドリストについてよく知っていましたか」「いいえ，知りませんでした」という意味。
(2)「海斗とメグは絶滅の危機にさらされている動物についての記事をもう書きましたか」「いいえ，まだです」という意味。

Read and Think ①

基本ワーク p.40 ～ 41

❶ (1) let / use　(2) help / study
(3) let / visit
❷ (1) let / play　(2) help / clean
(3) Let / show
❸ (1) Let me take pictures here.
(2) We helped her make dinner.

教科書内容の確認

(1) ○　(2) ×

解説

❷ 目的格の代名詞(you, me)などのあとに動詞の原形を続ける。
(3) Let meのあとに〈show＋(人)＋(もの)〉を続ける。

教科書内容の確認

(1)「トキは美しい羽を持っていたので，人々はそれらを狩りました」という意味。
(2)「日本独自の数羽のトキが日本に生息しています」という意味。

Read and Think ②

基本ワーク p.42 ～ 43

❶ (1) その祭りに参加することは楽しいです。
(2) トキが生き残るのを助けましょう。

❷ (1) It / interesting to
(2) It / good for / to
(3) It / not / to

❸ (1) It was easy to find the station.
(2) Is it difficult for you to carry the box?
(3) Let's help them protect animals.

教科書内容の確認

(1) × (2) ○

解説

❷ (2) Swimming「泳ぐこと」が主語の文を〈It is ... for + 人 + to + 動詞の原形〜.〉の形にするので，swimの前にtoを入れる。

❸ (1) 〈It is ... to + 動詞の原形〜.〉の過去の文はisが過去形のwasになる。

教科書内容の確認

(1)「コンゴ民主共和国で最大のゴリラはすでに絶滅しました」という意味。
(2)「動物だけでなく人間も生態系の中にいます」という意味。

Unit 3 総合問題

p.44 〜 45

1 (1) in (2) on (3) out (4) to

2 (1) It / for / to (2) want you to
(3) Let us use
(4) helped / understand

3 (1) It / to follow (2) tells / to get
(3) asked / to help

4 (1) It's necessary for us to sleep well.
(2) Our coach tells us to practice every day.
(3) Let me show you around here.

5 (1) 美しい羽を手に入れるために狩りをしたから。
開発して彼らの環境を破壊したから。
(2) captured / help / gave

解説

1 (4) relate ... to 〜「…を〜に関係させる」の受け身の形。

3 (3) 〈ask + 人 + to ...〉は「人に…するようにたのむ」。もとの文がsayの過去形saidであることにも注意。

5 (1) 1行目のPeople hunted ... 以下にトキの数が減った理由が述べられている。

Let's Write ②

p.46 〜 47

❶ ① think ② reasons ③ First
④ Second

❷ (1) What about (2) work on
(3) stop looking

❸ ① 例）think we need laws for electronic device use on the street
② 例）it's dangerous for everyone to walk without looking around carefully
③ 例）we don't have to use those devices all the time
④ 例）I think we need new laws

解説

❸ 例文の意味は次のとおり。
①「(私は)路上での電子機器の使用に対して法律が必要だと思います」。
②「注意深く周りを見ずに歩くことはだれにとっても危険です」。
③「私たちは常にそれらの機器を使う必要はありません」。
④「私は新しい法律が必要だと思います」。

Grammar for Communication ②

p.48 〜 49

❶ (1) to take (2) clean (3) to use
(4) run (5) exciting (6) for

❷ (1) want me to do
(2) helped / plan
(3) didn't tell / to be
(4) It's / for / to

❸ (1) helped / write
(2) asked / to tell
(3) tells / to speak

❹ (1) It will be fun for children to visit

the zoo.

(2) She asked us to look for her cat.

(3) Please let me sleep for an hour.

解説

❶ (5) 「人」が主語のときはexcited，「もの」が主語のときはexciting。意味上の主語が「サッカーの試合を見ること」なのでexcitingを選ぶ。

❹ (1) 〈It is ... for＋人＋to＋動詞の原形〉の未来を表す文はisがwill beになる。

Stage Activity ①

p.50～51

❶ (1) I'm going to tell / about

(2) I'm / member of

(3) have become

(4) have been supporting

(5) will / make

❷ (1) 例）Today I'm going to tell you about my club activities. I'm a member of the chorus club.

(2) 例）We gave our best performance on stage last month.

(3) 例）I want to enjoy singing with my friends more.

(4) 例）Thank you.

解説

❶ (5) 副詞的用法の不定詞（to＋動詞の原形）「…するために」のあとに〈make＋A＋B〉「AをBにする」の形を続ける。

Let's Read 1 ①

p.52～53

❶ (1) through　(2) After a while

(3) weaker and weaker

❷ (1) 何年もの間ずっと，大きな老木はいろいろなことを見てきています。

(2) ① It sounded sweet.

② It remembered something sad.

教科書内容の確認

(1) ○　(2) ×

解説

❶ (2) after a while「しばらくして」

(3) 「弱い」weakを比較級（-erをつけた形）にする。

教科書内容の確認

(1) 「広島の多くの人々が亡くなったりけがをしたりしたので，その木は悲しみました」という意味。

(2) 「その幼い少年が亡くなったあと，母親は彼のために歌い続けました」という意味。

Let's Read 1 ②

p.54～55

❶ (1) go through　(2) What a

(3) worth protecting

❷ (1) 現職のアメリカ大統領が広島市を訪れることはその市にとって大きな意味がありました。

(2) A world without nuclear weapons.

教科書内容の確認

(1) ×　(2) ○

解説

❷ (1) itは直前の文をまとめる。

(2) 「オバマ氏は何を追い求めようとしていますか」。最後の文に着目。without「…なしで［に］」

教科書内容の確認

(1) 「オバマ氏は広島の街が以前と同じだと思っています」という意味。

(2) 「オバマ氏は世界中のどの子供もみな平和に暮らしてほしいと思っています」という意味。

Let's Listen ③

p.56～57

【練習１】

（一時集合場所）　公園／津波

（避難場所）　大きな公園／火事／津波

（避難所）　学校／自分の家

【練習２】

nearest / three kinds of / small

tsunami / parks / fire or tsunami
large parks / schools

❶ (1) ア，ウ，オ，カ
(2) 海辺に近づかない

❷ (1) ① ウ ② イ ③ イ
(2) 例）We cannot take trains between Yamato Station and Sakura Station until noon. However, we can take a bus between those two cities.

解説

❶ (2) くり返し言われている文に注意し，最後から2つめの文を聞き取る。keep away from「…から離れている」

❷ (1) ① Power will be back ... の文を注意して聞く。

練習1・2【放送台本】

Good evening, everyone. This is Asahi City radio. Today, we would like to tell you about evacuation spots in our city. When there is an earthquake, we need to go to the nearest evacuation spot for our safety. We have three kinds of spots, "*Ittoki-shugo-basho*," "*Hinan-basho*," and "*Hinanjo*." They are different from each other. When we have a small earthquake, and there is no risk of tsunami, go to "*Ittoki-shugo-basho*." You can wait and see for a while there. "*Ittoki-shugo-basho*" is situated in schoolyards, parks, shrines and temples. If there is a fire or tsunami, it is dangerous, so you have to go to "*Hinan-basho*." It is situated in large parks. If your house is destroyed because of an earthquake, go to "*Hinanjo*." "*Hinanjo*" is situated in schools and community centers. You can stay there for days. Please talk with your family about evacuation spots and evacuation routes around your house. Thank you for listening.

❶【放送台本】

This is breaking news. There is an earthquake. Stay calm. Keep away from the beach. Go under a table until the earthquake stops. Get away from any windows. And open the door to secure an evacuation route. You may be afraid, but please do not scream or cry. You must keep calm. There is an earthquake. Stay calm. Keep away from the beach. When you go to an evacuation spot, don't touch any electric wires. It's very dangerous, so do not touch them. And keep away from brick walls. Even if you forget something important at your house, do not go back. There was a level 5 earthquake. Please stay calm and keep away from the beach. Please check the news on the radio.

❷【放送台本】

Good morning. This is ABC news. Power is still down due to the powerful typhoon. Power will be back on by tomorrow. You can charge your phones at City Hall and Aoba Station. However, there are not enough plug sockets for everyone, so each person can use one for only thirty-minutes. Traffic lights are not working in some areas now. Please be careful on the street. Trains between Yamato Station and Sakura Station are out of service until noon, because they are checking the rails. So you can take a bus between those two cities. If you need more information, visit our website. This is Ellen from ABC news.

Unit 4

Scene ①

基本ワーク　p.58 ～ 59

❶ (1) where / is　(2) what / should do
(3) know how / can help

❷ (1) how much / store
(2) knows what number
(3) where / are

❸ We don't know how much the bag is.

教科書内容の確認

(1) ×　(2) ○

解説

❷ (1) How much water should I store?
(2) What number should she call?
(3) Where are my parents now?
上記をそれぞれ〈疑問詞＋主語＋(助動詞＋)動詞〉の形にしてknow(s)の目的語にする。

教科書内容の確認

(1) 「緑市の200人未満の外国人がどこに地域の避難所があるのか知っています」という意味。
(2) 「緑市の半分より多くの外国人が火災の場合に何番に電話をかけるべきか知っています」という意味。

Scene ②

基本ワーク　p.60 ～ 61

❶ (1) where / live
(2) Tell / what / do
(3) me why / looks

❷ (1) shows you what
(2) tell / who can
(3) tell me when

❸ Tell me how old he is.

教科書内容の確認

(1) Yes / did　(2) No / hasn't

解説

❷ (1) 「(～に)…を示す」の「～」の部分にyouを，「…」にwhat you should prepareを入れる。
(2) 「だれがその行事に参加できますか」はwhoが主語なので疑問文でもWho can join the event?で間接疑問文と同じ語順。

教科書内容の確認

(1) 「朝美は災害の間，家族とどのように連絡をとるか彼らに話しましたか」「はい，話しました」という意味。
(2) 「メグは自分の緊急用具一式をすでに作りましたか」「いいえ，作っていません」という意味。

Read and Think ①

基本ワーク　p.62 ～ 63

❶ (1) girl reading　(2) boy playing
(3) girl looking at

❷ (1) エリと話している男の子はケンです。
(2) あの歌っている女の子を見てください。
(3) 私は昨夜，あまりにも疲れていて勉強できませんでした。

❸ (1) The people watching the game were excited.
(2) You are too young to join the team.

教科書内容の確認

(1) where / was
(2) woman speaking

解説

❷ (2) singing「歌っている」1語だけでgirl「女の子」を修飾しているので，名詞girlの前にある。

❸ (1) <u>The people</u> were excited.という文の主語(下線部)を，watching the game「試合を見ている」が修飾する形にする。

教科書内容の確認

(1) 「警察官は男性とその妻のために何をしましたか」「彼は彼らに地域の避難所がどこに

あるのか教えました」という意味。

(2) 「だれが駅で女性とその友達を助けましたか」「英語で旅行者に話しかけている女性です」という意味。

Read and Think ②

基本ワーク　p.64 ~ 65

❶ (1) cake made　(2) picture taken
(3) colors used

❷ (1) あれはビッグベンと呼ばれる塔です。
(2) トムは日本語で書かれた本を何冊か持っています。
(3) 彼は中古車を買いました。

❸ (1) I want a book read by many children.
(2) She has a bag made in Japan.

教科書内容の確認

(1) Yes / is　(2) where / should

解説

❶ (1)(2) makeの過去分詞はmade，takeの過去分詞はtaken。不規則に変化する動詞をまとめて覚えておこう。

❸ (1) I want a book.の目的語(下線部)を，read by many childrenが修飾する形にする。

教科書内容の確認

(1) 「日本に住む外国人の数は増加していますか」「はい，増加しています」という意味。

(2) 「生徒たちが作った地図は人々に何を示していますか」「災害時に人々がどこに行くべきか示しています」という意味。

Unit 4　総合問題　p.66 ~ 67

1 (1) when　(2) how　(3) playing
(4) written

2 (1) of　(2) On　(3) back
(4) out

3 (1) where / be held
(2) told / what color
(3) tourists visiting
(4) instructions given

4 (1) I can't understand why Lisa said so.
(2) He taught us how long we must practice.
(3) Who is the boy coming to us?
(4) The map made by them uses simple symbols.

5 (1) 私はそのときまで，地域の避難所について知りませんでした。
(2) where / car / scared

解説

2 (1) in case of「…の場合には」
(2) on the way (back)「(帰る)途中で」
(3) go back「帰る，戻る」
(4) hand out「…を配る」

3 (3) tourists「観光客」をvisiting Japanが後ろから修飾する形にする。

4 (1) understandの目的語なので〈why＋主語＋(助動詞＋)動詞〉の語順にする。

5 (1) 〈not ~ until ...〉で「…まで~しない」。

Let's Talk ②

p.68 ~ 69

❶ (1) Would / like me / take
(2) Would you like / to show [tell]

❷ (1) ① Can I　② please
(2) ① Excuse　② Shall I
③ kind of
(3) ① Would / like me　② No

解説

❷ (1) ① Are you lost?「道に迷っているのですか」に続けるので「お手伝いしましょうか」とする。

(3) ① Would you like me to take you there?「私にあなたをそこへ連れていってほしいですか」。

Let's Listen ④

p.70 ～ 71

【練習１】

① 11 ／ 25 ／ 25

② 核兵器のない世界

③ デジタルカメラ　④ 本

【練習２】

Nobember 25 / 25

World without Nuclear Weapons

camera / books

❶ ⑴ ① 日本／2　② 12 ／ 5 ／ 7

③ 日本／ 150

⑵ ① 中央／7

② フェンシング／水泳

❷ ① 75　② 60　③ イ　④ ア

⑤ ウ　⑥ オ　⑦ エ

解説

❶ ⑴ ① It was his second visit ... の文を聞き取る。second「２度目の」

② 最初の文を聞き取る。from ～ to ...「～から…まで」

練習１・２【放送台本】

On November 25, at 6:15 p.m. for around 25 minutes, Prime Minister Abe met with His Holiness Pope Francis during his visit to Japan. It was a short meeting, but they talked about a "World without Nuclear Weapons." Prime Minister Abe presented His Holiness Pope Francis with a digital camera and a rosary. His Holiness Pope Francis gave Prime Minister Abe medals and books.

❶【放送台本】

In 2019, Mr. ORBÁN, the Prime Minister of Hungary visited Japan from December 5 to December 7. It was his second visit to Japan as Prime Minister of Hungary. During his stay in Japan, Mr. Shinzo Abe, the Prime Minister of Japan held a summit meeting with him, and hosted a banquet. It was the 150th anniversary of the establishment of diplomatic relations between Japan and Hungary.

Hungary is located in the center of Europe. It is surrounded by seven countries. The second longest river in Europe, the Danube runs through the county. In Hungary, there are no snowy mountains, so people don't enjoy skiing very much. However, there are a lot of great athletes, and they have won many Olympic medals, especially in fencing, swimming, and canoeing.

❷【放送台本】

On July 1, at 11:55 a.m. for about 75 minutes, Mr. Shinzo Abe, the Prime Minister of Japan, held a working lunch with H.E. Mr. Nguyen Xuan Phuc, Prime Minister of the Socialist Republic of Viet Nam. At the beginning, Prime Minister Abe said that over 330,000 people from Vietnam lived in Japan and they were very important to both countries. Many of them are students and studying in Japan, so he said he'd like to support them. In response, Prime Minister Phuc expressed his wish to deepen cooperation with Japanese companies.

On the same day, Mr. Shinzo Abe had a working dinner with H.E. Mr. Recep Tayyip Erdogan, President of the Republic of Turkey from 6:40 p.m. for about 60 minutes. The two leaders would cooperate on realizing the establishment of the Turkish-Japanese Science and Technology University.

Unit 5

Scene ①

基本ワーク　p.72 ～ 73

❶ (1) book / read
(2) Saki wrote yesterday
(3) umbrella / bought yesterday

❷ (1) お母さんの作るカレーが大好きです
(2) あなたが探している本ですか
(3) お父さんが私にくれたカメラ

❸ (1) Who is the person you want to see?
(2) That's the dog we take care of.

教科書内容の確認

(1) image　(2) October 2

解説

❷ 名詞を修飾する文が表す「時」に注意して日本語を考える。(3)は過去のこと。

❸ (2) That's the dog「あれはイヌです」のあとに，下線部を説明するwe take care of「私たちが世話をしている」を続ける。

教科書内容の確認

(1)「インドのルピー紙幣すべてに何を見ることができますか」「マハトマ・ガンディーの肖像です」という意味。

(2)「国際非暴力デーはいつですか」「10月2日です」という意味。

Scene ②

基本ワーク　p.74 ～ 75

❶ (1) man / teaches
(2) teacher who
(3) athlete who / swim

❷ (1) 人権のためにたたかう人々によって尊敬されています
(2) コンピュータを使える生徒が必要です

❸ (1) Taku is the boy who likes cooking.
(2) We know the girl who made the cake.

教科書内容の確認

(1) never used violence
(2) Yes / did

解説

❷ (1) 受け身の文He is respected by people「彼は人々によって尊敬されています」のpeopleをwho … が修飾する形になっている。human rights「人権」

教科書内容の確認

(1)「なぜガンディーは人権のためにたたかう人々に尊敬されているのですか」「彼が決して暴力を使わなかったからです」という意味。

(2)「ガンディーは抗議するために断食をしましたか」「はい，しました」という意味。

Read and Think ①

基本ワーク　p.76 ～ 77

❶ (1) that [which] makes
(2) that [which] goes to
(3) dog that [which] has

❷ (1) インド人の客を受け入れないホテル
(2) 難しそうな本を読んでいます

❸ I want a car which is made in Japan.

教科書内容の確認

(1) lead a movement
(2) was arrested

解説

❶ thatまたはwhichはそのあとの文の主語にあたるので，次にすぐ動詞が続く。thatやwhichの指す語がa game, a bus, a dogでいずれも三人称単数なので(1)(2)には動詞に-(e)sをつけ，(3)のhaveはhasにする。

教科書内容の確認

(1)「ガンディーはインドの人々の権利を守るために何をしようと決心しましたか」「運動を先導することです」という意味。

(2)「ガンディーが抗議したとき，彼に何が起こりましたか」「彼は逮捕され，刑務所に送られました」という意味。

Read and Think ②

基本ワーク　p.78 ～ 79

❶ (1) that / saw
(2) that [which] I use
(3) cat that [which] / found

❷ (1) イギリス人が塩のために作った法律
(2) ガンディーが残した遺産です

❸ He is the man that I told the way.

教科書内容の確認
(1) heavy tax
(2) Almost 400 kilometers

解説

❷ (1) a law「法律」がmade(make「…を作る」の過去形)の目的語になっている。
(2) the legacy「遺産」がleft(leave「…を置いていく，残す」の過去形)の目的語になっている。

教科書内容の確認
(1)「なぜ塩はインド人にとって高価だったのですか」「それに重い税金が課されていたからです」という意味。
(2)「ガンディーは塩を作るために，どれくらいの距離を海に向けて歩きましたか」「ほぼ400キロメートルです」という意味。

Unit 5　総合問題　p.80 ～ 81

1 (1) who　(2) which　(3) that
(4) that

2 (1) on　(2) at　(3) up　(4) of

3 (1) you told　(2) people who [that]
(3) hotels that [which]
(4) legacy that [which]

4 (1) Show me the bag you bought yesterday.
(2) They are the students who have studied abroad.
(3) He carried the box which was full of apples.
(4) These are all the pens I have.

5 (1) イギリス人が塩のために作った法律によると，イギリス人だけが塩を生産したり売ったりできました。
(2) ① salt　② expensive
③ unfair

解説

2 (1) go on「…をする」。wentはgoの過去形。
(2) at that[the] time「その当時(には)」
(3) stand up「立ち上がる」。stoodはstandの過去形。
(4) thousands of「何千もの」
two thousand people「2千人の人」などの場合はthousandにsがつかないことにも注意。

3 (2) whoはthatに置きかえることもできるが，「人」を修飾するときはwhoが好まれる。

4 (3) He carried the box.のthe boxをwhich...が修飾する形になっている。be full of「…がいっぱいである」。

5 (2) 下線部を英語にする。
①「イギリス人は塩に重い税金を課していました」
②「そのために塩は高価でした」
③「ガンディーは塩に関する法律はインドの人々にとって不公平だと思いました」

Let's Write ③

p.82 ～ 83

❶ (1) Here are / that　(2) According to
(3) You / see / below

❷ 例) Here are two charts that show the popular activities among foreign tourists. [These two charts show us what brought foreign tourists to Japan.] Eating Japanese food is the most popular activity among Chinese and American. The tourists from America are also interested in Japanese culture and history. I think we should learn more about our culture if we want to support foreign tourists.

解説

❷ Here are (is) ....「ここに…があります」，show「…を示す」や，ランキングの表なので the most popular「最も人気のある」などの表現を使って書く。

Grammar for Communication ③

p.84 ～ 85

❶ (1) to eat (2) built
(3) answering (4) which

❷ (1) who [that] can
(2) report which [that]
(3) designed by
(4) woman driving

❸ (1) that I
(2) that [which] is supporing
(3) who [that] is known

❹ (1) Tateyama is the highest mountain I've ever climbed.
(2) Taku is a nurse who helps elderly people.
(3) I don't know the language spoken in Brazil.

解説

❹ (1) Tateyama is <u>the highest mountain</u> という最上級を使った文のあとに，下線部を説明する I've ever climbed が直接続いている。

Stage Activity ②

p.86 ～ 87

❶ 米のクラッカーの一種です
少し塩味がします
それを外国人の観光客に試してほしいです

❷ kind / used

❸ 例） A *yukata* is a kind of kimono. Putting on *yukata* is easier than kimono. We wear it when we have festivals in summer. I want foreign tourists to enjoy wearing it.

解説

❶ foreign「外国(へ[から]の)」，tourist「観光客，旅行者」

❷ 受け身の文にするので use「…を使う」を過去分詞にする。

Let's Listen ⑤

p.88 ～ 89

【練習 1】

(1) ① 2005 ② 2013
③ 2015 / 2017 ④ Australia
⑤ teacher ⑥ Japanese children

(2) ① 多くの人々がたくさん応援してくれたから。
② 日本に住む外国人に日本語を教えること。

【練習 2】

supported me / to teach / foreign / Japan

❶ (1) ア 2 イ 3 ウ 1
(2) ① 1990 ② 1994 ③ 2003
④ game company ⑤ company
(3) 多くの，いろいろな種類の体験をすること。

❷ (1) ア 4 イ 2 ウ 1 エ 3
(2) ① 2005 ② 2006
③ desks / chairs
(3) ① 古いもの／歴史 ② 環境を守る

解説

❶ (2) それぞれ in 1990, 1994, 2003 にあたる文を聞き取る。

❷ (3) ①② 湊さんの最後から2つ目の発言 I think ... と Also, if ... の文をそれぞれ聞き取ろう。

練習 1【放送台本】

(1)

Jack: I'm Jack Smith. Nice to meet you, Ms. Hayashi.

Ms. Hayashi: Nice to meet you, too, Jack.

Jack: We hear that you have worked as a teacher in other countries. I'd like to hear about that.

Ms. Hayashi: Sure. In 2005, I became a teacher and taught Japanese at a junior high school in Japan. I loved teaching and my students. Did you know there are a lot of schools for Japanese children living in other countries?

Jack: Yes.

Ms. Hayashi: One day in 2013, I heard that those schools needed teachers. I thought it would be a great experience, so I decided to try it.

Jack: Which countries did you go to?

Ms. Hayashi: I worked at a school in Australia from 2015 to 2017.

Jack: Did you speak English well then?

Ms. Hayashi: Before going there, I could only speak a little English. It was not good enough, so I kept studying hard.

(2)

Jack: How was working in other countries?

Ms. Hayashi: I had some problems, but many people supported me a lot. So it was fun to live in different cultures. Now I teach Japanese in Japan, and those experiences help me a lot. My next dream is to teach Japanese to foreign people living in Japan.

Jack: That's great. There are a lot of foreign people living in Japan, and some of them need help to learn Japanese.

Ms. Hayashi: That's right. I will do my best for my dream.

Jack: It was very nice to talk with you, Ms. Hayashi. どうもありがとうございました。

Ms. Hayashi: どういたしまして。

練習２【放送台本】

I had some problems, but many people supported me a lot. So it was fun to live in different cultures. Now I teach Japanese in Japan, and those experiences help me a lot. My next dream is to teach Japanese to foreign people living in Japan.

❶【放送台本】

Lisa: Thank you very much for coming today, Mr. Mizuguchi. My name is Lisa Taylor. Nice to meet you.

Mr. Mizuguchi: Nice to meet you, too, Lisa.

Lisa: First, I'd like to hear about your job.

Mr. Mizuguchi: OK. I'm a game creator.

Lisa: Yes, we know! We have played the games you created, and they are loved by many people around the world. Well, why did you decide to become a game creator?

Mr. Mizuguchi: When I was a university student, I was interested in making something. I made music videos then. However, I started thinking of making something new with art and technology. In 1990, I started to work for a game company.

Lisa: I see. You created some games there, right?

Mr. Mizuguchi: That's right. The game I created in 1994 became very popular. After that, I continued to make some popular games. Then, I established my own company in 2003.

Lisa: I believe you are a great person. Being a game creator is one of the most popular jobs among children and students. Can you give them some advice?

Mr. Mizuguchi: Well, when I create games, I don't use information from the internet. If I use information from the internet, then the games won't make people excited. Having many kinds of experiences is the most important. I believe that young people can create something more exciting.

Lisa: Your words really cheer us up. Thank you, Mr. Mizuguchi.

Mr. Mizuguchi: You're welcome.

❷【放送台本】

Sally: It's a great pleasure to meet you, Mr. Minato. I'm Sally Brown from Yamato Junior High school.

Mr. Minato: I'm very happy to meet you, too, Sally.

Sally: Well, I heard you run some reuse shops in Japan and other countries. Could you tell me why you started the shops?

Mr. Minato: Sure. In 2005, I started a recycling shop. Then I thought, "If I buy things that people don't need, and sell them to other people, it will also be helpful." So I decided to run reuse shops, too.

Sally: I see. Well, what brought you to run reuse shops in other countries?

Mr. Minato: Well, I learned that old Japanese furniture like desks and chairs are very popular in the Philippines. Good furniture made in Japan is worth using even if it's very old. I have some shops in the Philippines and Thailand.

Sally: What kinds of goods are popular in Thailand?

Mr. Minato: Japanese anime is very popular there. So many people want to buy anime goods.

Sally : I see.

Mr. Minato: I think throwing away old things means throwing away our own history. Things that are not popular in Japan may be loved in other countries. Also, if people around the world try to use old things again, we can protect our environment.

Sally: That's great. Well, I learned a lot from your story today. Thank you very much for taking the time for this interview today.

Mr. Minato: My pleasure. Please visit my shops someday.

Unit 6

Scene ①

基本ワーク p.90 ～ 91

❶ (1) I had / dog　(2) wish I could
(3) wish that / were
❷ (1) wish / had
(2) wish that / were
(3) wish / could join
❸ (1) I wish I could sing like you.
(2) I wish he were on our team.

教科書内容の確認
(1) ○　(2) ○

解説
❷ wish (that) のあとの動詞や助動詞は過去形にする。
(1) haveの過去形hadにする。
(2) be動詞は主語に関係なく，ふつうwereにする。
(3) canの過去形couldにする。
❸ (2) on「～の一員で」

教科書内容の確認
(1)「世界には学校に行けない子供たちがいます」という意味。
(2)「私たちは子供たちを助けるために，使用したランドセルを寄付することができます」という意味。

Scene ②

基本ワーク p.92 ～ 93

❶ (1) I / free / would
(2) bag / blue / would
(3) it were hot / could
❷ (1) If / were / would
(2) were you / could
(3) were / could
❸ If Tom were here, he would be happy.

教科書内容の確認
(1) ×　(2) ×

解説
❶ 後半の助動詞はいずれも過去形にする。
(1)(2) willの過去形would。
(3) canの過去形could。
❷ 仮定法では主語がIやheなど三人称単数の場合でもbe動詞はwereにすることが多い。

教科書内容の確認
(1)「メグは日本のランドセルを見たことがありません」という意味。
(2)「メグは彼女の古いバックパックを送るつもりです」という意味。

Read and Think ①

基本ワーク p.94 ～ 95

❶ (1) tried / could
(2) helped / would feel
(3) had / could buy
❷ (1) knew / would
(2) If / didn't study / couldn't
(3) could use / would
❸ If I had a car, it would be useful.

教科書内容の確認
(1) ○　(2) ×

解説
❷ (1) If節内の動詞は過去形にする。know「(…を)知っている」の過去形はknew。
(2) 後半の文の助動詞は過去形にする。解答欄の数からcould notの短縮形のcouldn'tを入れる。

教科書内容の確認
(1)「ランドセルはアフガニスタンの親たちが彼らの子供たちを学校に送るのに役立っている」という意味。
(2)「日本からの学校必需品はアフガニスタンの子供たちの生活をまだよりよくしてはいない」という意味。

Read and Think ②

基本ワーク　p.96 ～ 97

❶ (1) that [which] / love / win
(2) who [that] helped / was
(3) that [which] / visit has

❷ (1) that [which] / eat [have] comes
(2) that [which] are sold / are
(3) who [that] joined / must

❸ The books which he wrote are helpful.

教科書内容の確認

(1) ○　(2) ×

解説

❶ (1)(3) それぞれthe team, the libraryにthat [which] ...が説明を加えている。
(2) the girlは人なのでwho [that] ...が説明を加える形にする。

❸ 主語のthe booksにwhich he wrote「彼が書いた」が説明を加え，そのあとに動詞areを続ける。

教科書内容の確認

(1) 「私たちは輸入された食べ物や製品なしには暮らせません」という意味。
(2) 「私たちは外国から電子機器を輸入する必要はありません」という意味。

Unit 6　総合問題　p.98 ～ 99

1 (1) had　(2) were　(3) bought
(4) could

2 (1) of　(2) for　(3) in　(4) on

3 (1) wish / could　(2) were / would
(3) got / could
(4) plan that [which]

4 (1) I wish I were more stylish.
(2) If today were Sunday, I could sleep until nine.
(3) If we didn't import food, we couldn't survive.
(4) Most of the people who come to my city visit the zoo.

5 (1) 読み書きができない／情報を得ること
(2) 日本からのランドセルを受け取ることは，アフガニスタンの子供たちを幸せにしています。

解説

2 (1) most of「…の大部分，ほとんど」
(2) be ready for「…の用意ができている」
(3) in the open air「屋外で」
(4) depend on「…に頼る」

3 (1) 「…できればなあ」はI wish I could ... で表す。
(3) get up「起きる」。仮定法なのでgetを過去形gotにする。

4 (2) 「9時まで」はuntil nine。by「…までに」との違いにも注意。

5 (1) illiterate「読み書きのできない」
(2) このmakeは「(人)を…の状態にする」の意味。

Let's Talk ③

p.100 ～ 101

❶ (1) cheaper　(2) in season
(3) seem　(4) Besides

❷ (1) ① better to　② agree with
(2) ① not sure　② see / point

解説

❷ (1) ② 相手に賛成する場合，I think so, too.「私もそう思います」などと言うこともできる。

Grammar for Communication ④

p.102 ～ 103

❶ (1) were　(2) could　(3) spoke
(4) would

❷ (1) wish / knew
(2) If / were / would
(3) respected / could
(4) If / took / could

❸ (1) あなたのお手伝いができればなあ。
(2) 水がなければ，私たちは数日のうちに死ぬでしょう。

(3) 機会があれば，外国で働くのに。

❹ (1) I wish I could drive a car.

(2) If Lisa were here, she would give me advice.

(3) If you ate more vegetables, you would be better.

解説

❷ (4) 仮定法なのでIf節内の動詞は過去形にする。take「(乗り物など)に乗る」の過去形はtook。後半の文も過去形で，canの過去形couldにする。

❹ (2) 後半の文は〈would(willの過去形)＋give＋人＋もの〉の形にする。

Let's Listen ⑥

p.104 ～ 105

【練習1】

② (2週間)入院した

③ よく自分を訪ねて何冊かおもしろい本を持ってきてくれた／病院／自分にとても親切

④ 笑顔はいつも自分を幸せにしてくれる

⑤ 親切／ほかの人の役に立つ人

【練習2】

hospital / two weeks / brought
interesting books / hospital
kind to me / smiles / made me happy
kindness / helpful person

❶ ② 修学旅行

③ ガイド／知識／歴史について教えてくれた

④ 歴史／大切なことをもっと学べるだろう

⑤ 多くの場所を旅行するのを楽しむ／歴史

❷ ② meeting Alex, a student from Australia

③ tried to do it again in a different way / looked happy

④ trying new things is fun

⑤ to do something new in high school

解説

❶ ③ She was young ... の文を聞き取る。knowledge「知識」

④ if I knew a lot ... の仮定法の文を聞き取る。

練習1・2【放送台本】

Hello, everyone. I'm Kenta. I'd like to tell you about my best experience in junior high school. I once had to stay in hospital during summer vacation. I stayed there for two weeks. I was on the basketball team, but couldn't join our practice. I was so sad. However, some of my friends often visited me and brought some interesting books. Also, the staff at the hospital were very kind to me. I realized their smiles always made me happy. I won't forget their kindness, and want to be a helpful person to others.

❶【放送台本】

Hi, I'm Misaki. My best experience in junior high school was our school trip. We went to Kyushu and went on a bus tour in Nagasaki. We visited a lot of interesting places with a tour guide. Her name was Ms. Mori. She was young, but she had a lot of knowledge about history, art, food, and so on. When we asked questions, she always gave us answers. Also, she gave us some quizzes on the bus. It was fun. When we visited some famous places, she told us about their history. It was very interesting. Then, I thought, "I was not interested in history very much. However, if I knew a lot about it, I could learn some important things more." I've already started to study history to enjoy traveling to many places in the future. So, I will keep learning.

❷【放送台本】

Hello, I'm Satoru. My best experience

in junior high school was meeting Alex, a student from Australia. Alex visited Japan and studied at our school for a month. He stayed at my house. He didn't speak Japanese very well, but he always tried to talk with us in Japanese. He always carried his dictionary with him. I was sometimes afraid of trying something new because I didn't want to make mistakes. But Alex wasn't. He enjoyed trying new food and new activities. When he made mistakes, he always tried to do it again in a different way. He also asked people around him for advice. He looked happy to try again and again. When he left Japan, he could speak Japanese much better. I really respect someone like Alex. I realized trying new things is fun. Now, my goal is to do something new in high school, and I won't give up.

Stage Activity ③

p.106 〜 107

❶ (1) eat out (2) not / at all
(3) move on

❷ ① opinion ② example
③ because ④ don't ⑤ mean

解説

❶ (1) eat out「外食する」
(2) not ... at all「少しも…ない」
(3) move on「(次の話題などへ)移る，進む」

❷ ① opinion「意見」
⑤ I see what you mean, but ....「あなた(たち)の言いたいことはわかりますが，…」は反論するときなどによく使う。

Let's Read 2 ①

p.108 〜 109

❶ (1) would / off (2) a / amount of
(3) all the time

❷ (1) 比較的安い。／多くのものに使用できる。
(2) Carbon dioxide and other dangerous chemicals (that fossil fuels release) will.

教科書内容の確認

(1) No / isn't (2) doesn't release

解説

❷ (1) 3行めFossil fuels have some good points.「化石燃料にはいくつかよい点があります」の直後に具体的なよい点が書かれている。
(2)「何が地球温暖化を増大させるでしょうか」という意味。最後の2文参照。

教科書内容の確認

(1)「私たちにとって電気なしに暮らすことは簡単ですか」「簡単ではありません」という意味。
(2)「原子力のよい点は何ですか」「それは二酸化炭素を放出しません」という意味。

Let's Read 2 ②

p.110 〜 111

❶ (1) wind power
(2) One [A] quarter of
(3) anything

❷ (1) 再生可能である点。／危険な化学物質を放出しない点。
(2) These dams can damage the environment.

教科書内容の確認

(1) Yes / have
(2) electricity from rain

解説

❷ (1) 本文5〜6行め参照。
(2)「水力を利用するためのダムを建てたら，何が起こりえますか」「これらのダムが環境に損害を与える可能性があります」という意味。

教科書内容の確認

(1)「いくつかの国では再生可能エネルギーを使い始めていますか」「はい，使い始めています」という意味。

⑵ 「レイハンはどんな装置を発明しましたか」「彼女は雨から電気を作る装置を発明しました」という意味。

定期テスト予想問題

Unit 0・1 定期テスト予想問題

p.114 ～ 117

1 ⑴ ア　⑵ ウ　⑶ イ

2 イ，ウ

3 ⑴ has　⑵ eaten　⑶ them
⑷ smiling

4 ⑴ Have / ever used　⑵ haven't
⑶ keep us　⑷ just like

5 ⑴ How many times / times
⑵ that / call her

6 ⑴ She has never won a match.
⑵ Were you amazed at Nao's speech?
⑶ These singers remind me of the power of music.

7 問1 ⑴ Yes, he has.
⑵ No, she didn't.
問2 例）国枝慎吾《くにえだしんご》さんについてインターネットで調べること。

8 問1 than ordinary types [wheelchairs]
問2 運動選手たちの意見を注意深く聞くこと。／それぞれの運動選手のために最もよい車いすを作るために技術を使うこと。
問3 ⑴ Yes, he has.
⑵ Because he was not satisfied with ordinary types [wheelchairs].

9 例） I have been to Nara once.

解説

3 ⑵ 現在完了形の疑問文。eat「…を食べる」の過去形はate，過去分詞はeaten。

4 ⑶ 「彼女の笑顔は私たちを前向きにしておく」という意味の文を作る。

5 ⑴ 「何回それ[映画]を見たことがありますか」。How many ...?は「いくつの」と数をたずねる表現。

6 ⑵ be amazed at「…に驚かされる」
⑶ remind ... of ～「…に～を思い出させる」

7 問1 ⑴ 「ジョシュは車いすテニスの試合を

見たことがありますか」「はい，あります」。

(2) 「朝美はジョシュのお気に入りの車いすテニス選手について知っていましたか」「いいえ，知りませんでした」。

8 問3 (1) 「石井さんは今までに車いすを使ったことがありますか」「はい，あります」。

(2) 「なぜ石井さんは注文で作る車いすを設計しようと決めたのですか」「ふつうのタイプ［の車いす］に満足しなかったからです」。

9 have been to「…に行ったことがある」などを使って書く。例文は「私は奈良に一度行ったことがあります」という意味。

1【放送台本】

(1)

Keita : Lisa, have you ever had *okonomiyaki* before?

Lisa : No, I haven't. I want to try it someday.

Keita : My mother is going to cook it for lunch tomorrow. Would you like to have lunch with us?

Lisa : Of course. Thank you, Keita.

(2)

Mike : You look sad, Yuka. Are you all right?

Yuka : Oh, I'm OK, Mike. My father bought me this book. It is a book about poor children in other countries.

Mike : I see. Did the story make you sad?

Yuka : Yes. But I should learn about these problems.

(3)

Lisa : Keita, can we play basketball at our sports festival next month?

Kieta : Sure, Lisa. This graph shows that it is the most popular sport of the four in our school.

Lisa : That's good. And soccer is third.

Keita : Yes. I want to play it at the sports festival.

2【放送台本】

Judy: Japan is now visited by a lot of foreign people, right?

Ken: That's right. There are many beautiful places to visit and interesting things to see in Japan.

Judy: I heard that Kyoto is the most popular place with foreign people. Have you ever been to Kyoto?

Ken: Yes, I have. I visited it on a school trip two years ago.

Judy: I see. I've never been to Kyoto. How did you like it?

Ken: It was great. We visited Kinkaku-ji and some other old shrines and temples. I'm really interested in traditional Japanese culture. I enjoyed talking with my classmates at the *ryokan* at night very much.

Judy: Oh, that sounds fun.

Ken: I want to visit Kyoto again to see other old shrines and temples.

Unit 2 定期テスト予想問題

p.118 ～ 121

1 (1) ウ (2) イ

2 イ，エ，カ

3 (1) just (2) yet (3) other
(4) little

4 (1) not always (2) feel free to
(3) is different from
(4) been looking / seeing ［meeting］

5 (1) How long have
(2) so / that / can't ［cannot］

6 (1) A seasonal word must be included in haiku.
(2) This cake is not only easy to make, but delicious.
(3) We have been writing haiku for centuries.

7 問1 (1) No, he has not ［hasn't］.
(2) Yes, he is.
問2 例） 海斗たちがベーカー先生の授業を楽しみにしていること。

8 問1　必ずしも季語が必要だとは限らない点。／必ずしも音節を数える必要がない点。

問2　① 書くことだけでなく，読むことも

② 多くのウェブサイト

問3　Because they're short and easy to write.

9 例）I have lived in this city for ten years [since I was 5 years old].

解説

3 (4) a little「少し」。a few「少数の，いくらかの」は数えられる名詞の前で使う。

4 (1) not always「いつも…とは限らない」

(2) feel free to「遠慮なく…する」

(3) be different from「…とはちがっている」

(4) look forward to「…を楽しみに待つ」

5 (1)「どれくらい長くあなたたちは友達なのですか」という文にする。

(2)「今日はとても寒いので外でテニスをすることができません」という文にする。〈so ... that ～〉「とても…なので～だ」。

6 (1) mustなど助動詞つきの受け身は〈助動詞＋be動詞＋過去分詞〉の語順にする。

(2) not only ... but (also)～「…だけでなく～も」

(3) 現在完了進行形は〈have [has] been＋動詞の...ing形〉の語順にする。

7 問1 (1)「海斗は以前ベーカー先生に会ったことがありますか」「いいえ，ありません」。

(2)「海斗は彼の学校にベーカー先生がいてうれしいですか」「はい，うれしいです」。

8 問3「なぜ英語の俳句は人気になっているのですか」「それらは短くて書きやすいからです」。

9 I have [I've] lived in this city [town] for ... years.「私はこの市[町]に…年間住んでいます」などの文にする。for ... のかわりにsince...「…(して)以来」を使ってもよい。

1【放送台本】

(1)

A: Susan, where are you from?

Susan: I'm from Canada. I came to Japan in May three years ago.

A: Have you lived in Yokohama since then?

Susan: No. I've lived here for only six months. I came here from Tokyo last winter.

(2)

Mr.Smith: You speak good English, Miho.

Miho: Thank you, Mr. Smith. I began to study English when I was a little child.

Mr.Smith: Really? How old were you then?

Miho: I was seven years old. I was in the first grade at that time.

Mr.Smith: You're now fifteen, right? You've been studying English for a long time.

2【放送台本】

Hi, everyone. I'm Harry West. I came to Japan from America ten years ago because I was interested in Japanese culture. I studied Japanese and Japanese culture at a university in Tokyo for four years, and then became an English teacher and taught at a high school in Saitama for three years. I came to Akita three years ago and have lived and worked here since then. Akita has a unique culture and a lot of delicious food. I like Akita very much.

Unit 3　定期テスト予想問題　p.122 ～ 125

1 (1) ア　(2) ウ　(3) イ

2 (1) イ　(2) ウ

3 (1) for　(2) to visit　(3) cross

(4) by

4 (1) Up until　(2) What about

(3) let / fly　(4) tell / to do

5 (1) difficult to save

(2) asks / to show

6 (1) Is it effective to ban hunting?

(2) The music may help you relax.

(3) Please let me know your age.

7 問１ ① 絶滅の危機にさらされている

② 情報

問２ 例） 日本の動物や鳥もレッドリストにのっていることを知ってもらいたいから。

8 問１ ① special metals ② stop

問２ ① 生態系 ② 人間

③ 影響を与えてしまう

9 例） It is important for me to make a lot of friends.

解説

3 (2) want ... to ～「…が～することを望む，…に～してほしい」

(3) 〈help＋(人など)＋動詞の原形〉「(人など)が～するのを助ける」。

(4) one by one「１人[１つ]ずつ」

4 (1) up until「…まで」

(2) What about ...?「…についてはどう思いますか」。aboutなど前置詞のあとの動詞はing形。

(3) 〈let＋(人など)＋動詞の原形〉「(人など)に…させる」。

5 (1)「動物を救うことは簡単ではありません」を「動物を救うことは難しいです」にする。

(2) 〈ask＋人＋to ...〉「人に…するようたのむ」。

6 (1) 〈It is ... (for＋人)＋to＋動詞の原形〉の疑問文。isを文頭に置く。

(3) 〈let＋(人など)＋動詞の原形〉「(人など)に…させる」。

7 問２ メグの３つめの発言参照。

8 問１ 下線部を英語にする。

①「ゴリラの生息地にある特別な金属は私たちの電子機器に使われています」。

②「もし私たちがより多く機器を使うのをやめないなら，ゴリラはすぐに絶滅してしまうかもしれません」。

9 〈It is ... for me＋to＋動詞の原形〉を使って表す。例文は「私にとって友達をたくさん作ることは大切です」という意味。

1【放送台本】

(1)

Yuka : Have you ever played *shogi*, Mike?

Mike : No, Yuka. I've never played it. I hear it is an interesting game, but there are many difficult rules, right?

Yuka : No, there aren't. It's easy to understand the rules of *shogi*.

Mike: Really? Then I will try it.

(2)

Keita : Wow, this cake looks good, Lisa. Where did you buy it?

Lisa : I didn't. I made it with my mother.

Keita : Wow! That's great. Can I have some?

Lisa : Of course, Keita. It's your birthday today, so I want you to eat it.

(3)

Lisa : Mother, Max wants to play a computer game after dinner.

Mother : Well, I don't think that's a good idea. He should read some books.

Lisa : Max has been studying very hard. So please let him play some games.

Mother : All right. If you say so. But he can do that for only an hour.

2【放送台本】

(1) Ms. Baker can sing very well. She has a beautiful voice. We sometimes say to her in class, "Ms. Baker, we want to hear your songs. Please sing some English songs for us."

(2) Ellen's mother is very busy now and says to Ellen, "Can you go to the shop and buy some milk and eggs? I'm going to make some cakes."

Let's Read 1　定期テスト予想問題　p.126 ~ 127

1 (1) has　(2) been　(3) practice
(4) reading

2 (1) just heard
(2) haven't introduced / yet
(3) has used / since
(4) went through

3 (1) How long has
(2) you with giving

4 問1　(1) Yes, it did.
(2) She wanted to be a mother to him.
(3) It became weaker and weaker.
問2　イ，オ

解説

1 (2) has been ... とbeの過去分詞を使う形。
(4) worth ...ing「…するだけの価値がある」。

2 (2) 空所の数からhave notの短縮形haven'tにする。
(4) go through「(人生・生活)をおくる」。goは過去形wentにする。

3 (1)「どれくらい長くその少女は赤ん坊を抱いていましたか」という文にする。

4 問1　(1)「夜に木は死んだ人々を見ましたか」という意味。
(2)「女の子は，幼い男の子の何になりたいと思いましたか」という意味。
(3)「男の子が死んだあと，女の子の声はどうなりましたか」という意味。

Unit 4　定期テスト予想問題　p.128 ~ 131

1 ケイターカ　リサーイ　ユカーエ

2 ア，ウ

3 (1) how　(2) giving　(3) stored
(4) in

4 (1) how many / has　(2) held in
(3) Finally / latest
(4) too / to eat [have]

5 (1) that crying boy
(2) flower seen on

6 (1) Did she tell you when you can go back?
(2) The survey done by us is helpful to travelers.
(3) I asked a girl passing by where to go.
(4) Would you like Ann to go with you?

7 問　Bをみどりシティホテルまで連れていく。／Bの持っている傘や何かを運ぶ。

8 問1　例）日本にいる外国人の多くは地震のときに何をするべきか知りません。
問2　① 英語や簡単な日本語
② どのように自分の身を守るか
問3　① used　② where to

9 例）I don't know [can't understand] what you mean.

解説

3 (3) the foodを修飾するので，stored in the box「その箱に蓄えられた」が適切。
(4) in case of「…の場合には」

4 (2) drill「訓練」のあとに「私たちの市で開かれた」が入る。「…を開く」holdの過去分詞はheld。
(4) too ... to ～「あまりにも…なので～できない」

5 (1) cryingの1語だけで名詞を修飾するので名詞boyの前に置く。
(2)「その山で見られる花は美しいです」という文にする。

6 (1) Did she tell youのあとに疑問文を続けるので〈when＋主語＋(助動詞＋)動詞〉の語順にする。
(3) where to go「どこへ行くべきか」
(4) would like ... to～「…に～してほしい(のですが)」の疑問文。wouldを文の始めに置く。

7 問　Aの2つめの発言Shall I ...と3つめの発言参照。Shall I ...?「…しましょうか」。take「…を連れていく」。

8 問3　下線部を英語にする。

① 「地図で使われている単純な記号や絵は外国の人々にとって役に立ちます」。

② 「彼らは災害時にどこへ行くべきか理解できます」。

9 what you mean「あなたの言いたいこと」などを使って書く。

1【放送台本】

A: Do you know that boy taking pictures of flowers?

B: Yes. He's Keita's brother Noboru. Keita is reading a book.

A: I see. Who is that girl walking with two dogs?

B: She's Yuka. She lives near my house. Her sister Naoko can play the guitar very well.

A: Can she? I want to listen to her guitar someday.

B: OK. I'll ask her to play the guitar for us next Sunday. Look! Lisa is over there.

A: Where?

B: Near the river. She's with her brother. They are sitting and talking.

2【放送台本】

Takumi : Excuse me. Do you need some help?

Ellen : Oh, yes, please. Could you tell me how I can get to Sakura Museum? I can find information about it, but it is not written in English.

Takumi : I see. I know where it is. It's by Yamato Park. I'm going to go to the park now. Shall I take you there?

Ellen : Really? That's very kind of you.

Takumi : I usually walk to the park. We can take a bus to get there if you like.

Ellen : I want to walk in this city.

Takumi : OK. You have some bags. Would you like me to carry one?

Ellen : No, that's all right. They are not heavy. Thanks anyway. Well, let me introduce myself. I'm Ellen.

Takumi : I'm Takumi. Please call me Taku. Now, let's go.

Unit 5 定期テスト予想問題

p.132 ～ 135

1 (1) イ (2) エ (3) ウ

2 (1) エ (2) イ

3 (1) who (2) which (3) which
(4) In

4 (1) who [that] were born
(2) thousands of
(3) leader / followers
(4) news that [which] we

5 (1) that [which] I must
(2) girl who [that] is

6 (1) Is this the legacy he left for us?
(2) I know the person who went on fasts to protest.
(3) We removed the law which made people angry.

7 問 1 ① who [that] worked
② without
問 2 People who fight for human rights do [respect him].

8 問 1 例) インド人は夜に自由に外出できなかった。／インド人は歩道を歩くことができなかった。／インド人の客を受け入れないホテルがあった。
問 2 ① 人権を守る ② 逮捕された

9 例) A nurse is a person who [that] helps [takes care of] sick people.

解説

3 (1) 修飾される語が人(lawyer「弁護士」)なのでwho。
(2)(3) 修飾される語がものや動物(story「話」, dog「イヌ」)なのでwhich。

4 (1) be born「生まれる」

(2) thousands of「何千もの」

5 (1) 〈to＋動詞の原形〉「…すべき」でthingsを説明している文を，that［which］を使った文にする。

6 (1) the legacy「遺産」をhe left for us〈主語＋動詞〉を含む文が修飾する形にする。

7 問2 「だれが今でもガンディーを尊敬していますか」「人権のためにたたかっている人々です」。

8 問1 For example「例えば」のあとにインド人に対する差別の具体例が書かれている。

9 A nurse is a person ... のあとにwho［that］を使って説明を加える文などにする。例文は「看護師は病気の人々を助ける［の世話をする］人です」という意味。

1【放送台本】

(1) These are the things I bought for lunch. I wanted to eat *takoyaki*, but I couldn't find it, so I bought an *onigiri*. I also bought an apple and orange juice.

(2) This is a thing you use when you look at stars. When you look through it, things that are far away look larger.

(3) This is a thing you wear to keep warm. You usually put it over other clothes when you go out on a very cold day.

2【放送台本】

I went to Asakusa with Hiroko this afternoon. It was crowded with foreign people. There was a young woman in front of a shop. She was taking a photograph of her friends who were shopping at the shop. On one of the street corners, there was an artist. He was selling beautiful paintings of Tokyo Skytree. When we were looking at his paintings, a man who had a big shopping bag came to us and asked us the way to the station.

Unit 6 定期テスト予想問題 p.136 ～ 139

1 (1) イ (2) ウ (3) エ

2 (1) イ (2) ア

3 (1) were (2) read (3) would
(4) with

4 (1) running / beyond
(2) this way［like this］ (3) So far
(4) encouraged / to

5 (1) wish / could (2) can't / don't

6 (1) I wish I could join the contest.
(2) If Ryo were here, he would be ready for dinner.
(3) If you didn't support us, we couldn't survive.

7 問1 ① disagree ② imported
問2 例） 輸入野菜の方がより幅広くいろいろな野菜を楽しめるかは確かではありません。

8 問1 ① import ② expensive
③ meat ④ but
問2 例） 日本の会社によって売られている電子機器も外国で作られていること。

9 例） If there weren't［were no］air, we couldn't live［would die］.

解説

3 (1) 仮定法では主語がIやheなど三人称単数の場合でもbe動詞はwereにする。
(4) この場合のwithは「…を身につけて，…のある」の意味。

4 (3) so far「今まで(は)，これまで(は)」
(4) encourage ... to ～「…に～するよう促す」。

5 (2) 「私たちに時間があれば，映画を見ることができるのに」を「私たちは時間がないので映画を見ることができません」にかえる。

6 (2)(3) 仮定法の文は〈If＋主語＋動詞の過去形，主語＋助動詞の過去形(would / could)＋動詞の原形 ....〉という形。

7 問1 下線部を英語にする。
① 「メグと海斗は朝美と意見が合いません」
② 「彼らは輸入された野菜を買うほうがよい

と思っています」

8 問1　下線部を英語にする。

① 「私たちは私たちが食べるとり肉の３分の１をほかの国々から輸入しています」。

② 「それで，日本で売られるフライドチキンはあまり高価ではありません」。

③ 「私たちはほかの種類の肉も外国の貿易に頼っています」。

④ 「食べ物だけでなく衣服もほかの国々から来ています」。

9 現実と異なることなので仮定法の文にする。例文は「もし空気がなければ，私たちは生きることができない[死ぬ]でしょう」という意味。

1【放送台本】

(1)

Lisa : Keita, have you finished writing your report yet?

Keita : Not yet, Lisa. If I had a computer, I could write with it.

Lisa : Well, you just need more time.

Keita : Right. I think I can finish it by tomorrow.

(2)

Mike : Yuka, you are on the basketball team. Are you enjoying your club activities?

Yuka : Yes. But I have never played in any games because other students can play better than me. I wish I were a good player.

Mike : Don't worry. You practice very hard. You still have a chance.

(3)

Lisa : Look at this picture! This is a famous fireworks festival in Tokyo.

Ken : I hear that this festival is really exciting. It's held this evening.

Lisa : If we were in Tokyo, we could enjoy the festival.

Ken : I want to go and see it in the future.

2【放送台本】

(1) A large soccer game was held in Kenji's city last Sunday. He was looking forward to watching the game with Ann and her brother, Tom. When Kenji saw Ann at the stadium, she said, "Sorry, Kenji. If Tom were not sick, he could come." So Kenji bought soccer goods for Tom at the stadium.

(2) Eri went to a shop to buy a bag. At the shop, she found a red one. It had some pockets, so she liked it the best. However, it was very expensive. Then a clerk came to Eri. The bag the clerk showed her seemed good. So she decided to take it.

Let's Read 2　定期テスト予想問題

p.140 ～ 141

1 (1) learned　(2) were　(3) could
(4) put

2 (1) how old　(2) where you charge
(3) run out of　(4) there anything

3 (1) もしあなたが電気なしで生活しなければならないなら，どうしますか。

(2) 私は自分たちがどのくらい原子力エネルギーを使っているのだろうかと思いました。

4 問1 (1) The electricity that comes from the natural heat in the ground.

(2) (It needs) Only 7 liters of rainwater.

(3) To help poor people(, especially in rainy countries).

問2　ウ，エ

解説

1 (4) putは過去形，過去分詞ともにput。

2 (1) How old is the dam?が別の文の中に入った形にする。

(3) run out of「…を使い果たす」

3 (1) without「…なしで[に]」

(2) I wonder ...「私は…だろうかと思う」の

あとにhow much「どのくらい」で始まる疑問文が続いている。

4 問１ (1)「アイスランドではどんな種類の再生可能エネルギーが使われていますか」。第１段落２～３行め参照。

(2)「レイハンの装置は電気を作るのに何が必要ですか」。第２段落４行め参照。

(3)「レイハンはなぜその装置を作り出したのですか」。第２段落５～６行め参照。

問２ ウ「レイハンは電力を蓄えることのできる電池を使った装置を発明しました」。

エ「レイハンの装置は作るのに多額のお金を必要としません」。

Let's Read 3 定期テスト予想問題

p.142 ～ 143

1 (1) which (2) that (3) who

(4) get

2 (1) that 〔which〕/ running away

(2) make all / difference

(3) have no idea (4) dropped out

(5) one wants (6) the same

3 (1) 彼が私にくれたアドバイスはいつも私の心の中にあります。

(2) ジョブズは人生の早い時期に成功した人です。

(3) 時間がたつにつれて，あなたはだんだんよくなる〔元気になる〕でしょう。

4 (1) Trust that this experience will somehow help you in the future.

(2) The focus of my interest was gone then.

(3) Though I didn't see it then, following my heart was the best decision.

5 例）Here's my advice to you.

解説

1 (2) thatは「人」「もの」のどちらに説明を加える場合でも使える。

(4) get fired「解雇される」

2 (1) a dogを過去進行形の文が説明する文。

(3) have no idea「見当もつかない」

(5) 一般に，「人」「だれでも」という意味の語はoneで表す。no one(だれも～ない)は単数扱いなので動詞は三人称単数形にする。

(6) sameには必ずtheをつける。

3 (1) 主語のthe advice「アドバイス」をhe gave me「彼が私にくれた」が修飾する形になっている。

(2) person that ...でジョブズがどのような人か説明している。

(3) get better and better「だんだんよく〔元気に〕なる」，go on「(時間が)過ぎ去る，たつ」

4 (1)「…ということを期待する」trust that ...,「何らかの形で」somehow

(2)「中心」focus,「なくなった」gone

(3)「…だけれども」though,「自分の心に従う」follow one's heart

5 advice(アドバイス)は複数形にしない。この場合,「あなたへの」と言うときはtoを使う。